52
DIMANCHES
À PARIS

ROMY DUCOULOMBIER

52 DIMANCHES À PARIS

ÉVASIONS, SURPRISES ET PETITS PLAISIRS

PARIGRAMME

Tu pars, tu pars tant que tu peux
Tu peux t'enfuir tant que tu veux
Et moi je t'ai cherché partout
Où mon cœur fait la manche
Mon esprit est désert
On dirait un dimanche

GAGE, *UN DIMANCHE*

N'hésitez pas à nous écrire : parigramme@parigramme.fr

Sommaire

PHILATÉLIE
ACHAT
VENTE
ESTIMATION
M et C. LABRE
MAALKITA
artisanat
49
mode, déco..
PANORAMAS
PHILATELIE
MARÉCHAL

Introduction

Enfin dimanche ! Le boulot est derrière soi, les courses et le ménage sont faits. Mais à Paris, impossible de contracter le fameux blues qui atteint souvent les hyperactifs tout à coup privés d'adrénaline.

Se promener sur une île verdoyante et sauvage, se faire des copains venus du monde entier chez un artiste américain, écouter de la bonne musique électro, prier dans un temple bouddhiste, grimper au sommet de la ville, croiser des monstres effrayants dans un manoir hanté, flâner dans un jardin tropical... des centaines d'aventures et d'activités s'offrent à tous ceux qui veulent s'ouvrir l'esprit et découvrir d'autres facettes de la capitale, plus secrètes.

En famille, entre amis ou tout seul (parce que c'est très agréable aussi), partez explorer mille et un lieux charmants et singuliers...

Marché Dejean

Un dimanche au marché

• Un tour sur le **marché Dejean** et vous voilà en Afrique, le temps de quelques emplettes. Les rues autour du métro sont constamment bondées les jours de marché et toutes sortes de dialectes s'y mêlent. Manioc, ignames, épices, crabes d'eau douce… on trouve là les principaux ingrédients de la cuisine traditionnelle africaine, à des prix défiant parfois toute concurrence – d'autant qu'il n'est pas interdit de marchander ! Devant les étals des volaillers, âmes sensibles s'abstenir : les bêtes sont souvent entières ou même vivantes. Ceux que la cuisine africaine inspire moins pourront aussi faire le plein de musique, de cosmétiques et de tissus.

• En plein cœur de l'île de la Cité, depuis le Moyen Âge, se tient un **marché aux fleurs et aux oiseaux**. Aujourd'hui, ce commerce se tient dans de petites boutiques vert foncé, sous les arbres de la jolie place Louis-Lépine. Le dimanche, on entend même les oiseaux chanter et siffler dans leurs cages. Une vraie vision de carte postale, bien loin des marchands de plantes aux allures de hangars qui remplacent peu à peu les fleuristes de jadis, et dont les Parisiens eux-mêmes ne se lassent pas.

Marché aux fleurs et aux oiseaux

• Le **marché aux timbres** existe depuis 1887 et l'on ne peut imaginer depuis lors l'angle des avenues Marigny et Gabriel sans ses commerçants (négociants professionnels ou particuliers), qui y vendent ou échangent timbres-poste et cartes postales. Que vous soyez passionné de philatélie ou tout simplement amateur de singularités parisiennes, un tour entre ses stands s'impose, avant une visite du Grand Palais... ou un spectacle au théâtre de marionnettes du jardin d'à côté.

• **Marché Dejean** • Rue Dejean, 18e • M° Château-Rouge

• **Marché aux fleurs et aux oiseaux** • Place Louis-Lépine, 4e • M° Cité
paris.fr

• **Marché aux timbres** • Angle des avenues Marigny et Gabriel, 8e
M° Franklin-Roosevelt • paris.fr

Mi-Fugue Mi-Raisin

Un dimanche pour amateurs de bons vins

• Mélomane et œnologue, voilà votre paradis ! Chez **Mi-Fugue Mi-Raisin**, caviste et disquaire spécialisé dans la musique classique, deux rayons bien approvisionnés en labels indépendants cohabitent avec ceux des vins naturels, pour la plupart non soufrés et estampillés biologique ou biodynamique. La tentation est grande d'établir des correspondances entre un saint-joseph et une symphonie de Bach.

• C'est dans un décor d'anciennes caves voûtées du XVIIIe siècle que sont installées **Les Caves du Louvre**, un musée du vin 2.0. Ici, le parcours de visite est entièrement piloté par la technologie numérique *via* l'application The French Wine Experience. Téléchargé à votre arrivée sur un mobile ou une tablette, cet outil virtuel vous aide à explorer vos cinq sens, à découvrir la géologie du vin, les cépages et leur lexique. Pour les moins technophiles, pas de panique, des visites guidées sont organisées toutes les 30 minutes. Le parcours se termine par une (vraie) dégustation. Et si vous souhaitez prolonger l'expérience à la maison, créez votre cuvée sur mesure depuis votre canapé, grâce au site itsmywine.com.

Les Caves du Louvre

• Dans sa petite salle à la déco cosy, Fanny, ex-restauratrice et sommelière, nous guide parmi ses 150 références triées sur le volet dont beaucoup sont issues de productions en biodynamie. **La Demoiselle** organise aussi des ateliers de dégustation du mercredi au dimanche, de 17h à 23h, sur réservation. Le petit plus : toutes les formules (de 1 à 2h, de 3 à 5 vins dégustés) sont accompagnées d'une planche gourmande.

• **Mi-Fugue Mi-Raisin** • 36-38, rue Delambre, 14e • M° Edgar-Quinet
Tél. 01 43 20 12 06 • Ouvert de 9h30 à 13h30 • mifuguemiraisin.com

• **Les Caves du Louvre** • 52, rue de l'Arbre-Sec, 1er • M° Louvre-Rivoli
Tél. 01 40 28 13 11 • cavesdulouvre.com • Entrée : à partir de 15 € avec dégustation

• **La Demoiselle** • 36, rue de la Montagne-Sainte-Geneviève, 5^{e}
M° Maubert-Mutualité • Tél. 01 42 02 19 22 • ldvin.com

Popelini

Un dimanche vraiment gourmand

• Pourquoi choisir entre vanille et framboise ? Le dimanche, tout est permis et la mode est aux petits choux bigarrés qui défilent dans la vitrine acidulée de **Popelini**. Lauren Koumetz, la créatrice du lieu, a baptisé ce spot incontournable du nom de l'inventeur de la pâte à choux au XVIe siècle. Les bouchées gourmandes se déclinent en neuf parfums : caramel au beurre salé, citron, pistache et confit de griotte, rose framboise, praliné... Régulièrement, un nouvel Éphémère vient compléter la collection. Et le "chou du jour" lui donne la réplique avec une base de crème pâtissière, de chantilly et de fruits de saison. Irrésistible !

• Plus la peine de s'éparpiller quand on veut trouver de quoi préparer un bon gâteau choco. **Un Dimanche à Paris**, lieu de perdition s'il en est, fait à la fois office de boutique, de bar à chocolat, de restaurant, de salon de chocolat, de *chocolate lounge* et d'atelier de cuisine. Ici sont proposés, pour réaliser de délicieuses pâtisseries, des produits rares et inédits. Au choix : décors en perles de chocolat, paillettes argentées, pochoirs en forme de cœur, d'étoile ou de trèfle, brisures de crêpes dentelle pour faire croustiller la mousse au chocolat... Dans le couloir qui relie la boutique au restaurant, une vitrine donne sur l'atelier, où l'on peut observer les chefs pâtissiers : une belle source d'inspiration !

Pastelaria Belém

• Envie de retrouver le goût de vos vacances à Lisbonne ? *Bom dia* ! Eurico et Natalia Martins régalent les Parisiens de spécialités portugaises faites maison, dans leur **Pastelaria Belém**. Les gourmands s'y pressent pour déguster les fameux *pastéis de nata* et autres spécialités sucrées ou salées. Connus dans le monde entier, ces petits flans dorés doivent leur renommée à une pâtisserie située au bord du Tage, dans le quartier de Belém, qui les confectionne depuis 1837. On les prend nature ou saupoudrés de cannelle, dans ce café typiquement lisboète décoré d'*azulejos*, ces carreaux de faïence bleue et blanche que l'on retrouve aux quatre coins du pays.

• **Popelini** • 29, rue Debelleyme, 3e • M° Filles-du-Calvaire • Tél. 01 44 61 31 44
Autres adresses sur le site : popelini.com

• **Un Dimanche à Paris** • 4-6-8, cour du Commerce-Saint-André, 6e • M° Odéon
Tél. 01 56 81 18 18 • un-dimanche-a-paris.com

• **Pastelaria Belém** • 47, rue Boursault, 17e • M° Rome • Tél. 01 45 22 38 95

Un dimanche aux fourneaux

• Rendez-vous est fixé à 9h30 dans la cuisine de **Chefsquare Bastille** pour le cours bien nommé "Au retour du marché". Là, douze personnes (au maximum) partent, en compagnie d'un chef, faire leurs emplettes au marché Richard-Lenoir. Sur place et en fonction des produits de saison, ils définissent le menu. Ensuite, chacun met la main à la pâte en cuisine afin d'élaborer les recettes choisies, qui seront ensuite savourées par le groupe sur la grande table d'hôte. Pour réserver, mieux vaut consulter le calendrier des cours disponible sur le site Internet et téléphoner.

• Vous rentrez du Japon, décidé à retrouver la fraîcheur de ce qu'on y mange ? L'école de cuisine **Wasabi** a pensé à vous et mobilise de véritables chefs pour vous accueillir et vous apprendre à réaliser sushis et makis. Le cours 1 ("Les bases") permet d'appréhender la préparation du riz, son assaisonnement, sa cuisson et la découpe d'un poisson. Le cours 2 donne les techniques nécessaires à la préparation des makis traditionnels ou californiens, ou des temakis à l'anguille. Enfin, le cours 3 initie à la technique des nigiri sushis, à la découpe des poissons en lamelles et à la confection d'une soupe miso. Les sessions, d'une durée de 2 heures (15 personnes maximum), sont suivies d'une dégustation.

Wasabi

• À **l'Atelier des Gâteaux**, les becs sucrés seront à leur affaire ! En cuisine, c'est Audrey Baharier, une pâtissière diplômée de l'école Ferrandi, qui officiera à vos côtés lors d'ateliers thématiques comme le "Cake design" où vous apprendrez en petit groupe à recouvrir une génoise de pâte à sucre et de décorations comestibles. Après 2h30 de leçon, vous repartirez avec votre chef-d'œuvre sous le bras, à moins que vous n'ayez envie d'enchaîner sur un atelier "Cupcakes" ou "Macarons".

• **Chefsquare Bastille** • 40, rue Sedaine, 11e • M° Bréguet-Sabin
chefsquare.fr

• **Wasabi** • Restaurant Issé Izakaya • 119 bis, rue Cardinet, 17e • M° Malesherbes
Tél. 01 42 08 50 47 • wasabi.fr

• **L'Atelier des Gâteaux** • 23, rue de l'Abbé-Grégoire, 6e • M° Saint-Placide
Tél. 01 42 84 19 05 • atelierdesgateaux.com

Café de la Gare

Un dimanche pour rire dans le Marais

• Le Marais n'est pas qu'un somptueux quartier historique, où les boutiques de vêtements ou de déco s'alignent élégamment. Il concentre aussi nombre des hauts lieux du rire à Paris. D'un théâtre à l'autre, vous n'aurez que l'embarras du choix.

• Qu'y a-t-il de commun entre Renaud, Marc Jolivet, Anne Roumanoff, Jacques Higelin, Alex Métayer, Michèle Laroque, Virginie Lemoine, Marianne James, Jean-Luc Lemoine et Emily Loizeau ? Ils ont débuté ici, aux **Blancs-Manteaux**. Depuis 1972, ce théâtre situé en plein Marais est toujours à l'affût de nouveaux talents ; il laisse leur chance aux novices, leur offrant les meilleures conditions possibles pour s'exprimer. L'humour y est privilégié, le plus souvent sous forme de one-man shows, bien que la musique ou le théâtre, avec des créations ou des pièces du répertoire, aient également leur place dans les deux petites salles. Si 50 000 personnes viennent ici chaque année, ce n'est pas un hasard !

• À quelques pas de là, dans la belle cour qui abrite le Centre de danse du Marais et un resto, le **Café de la Gare**, le plus grand (300 places) et le premier temple

Le Point Virgule

du café-théâtre, est installé depuis 30 ans. Coluche et Romain Bouteille furent ses pères fondateurs. Patrick Dewaere, Miou-Miou, Gérard Depardieu, Élie et Dieudonné, Éric et Ramzy, Benoît Poelvoorde y ont imposé leur style...

• Une centaine de mètres à peine vous séparent d'un lieu mythique de l'humour national. C'est là qu'en 1975, une bande de jeunes comédiens – Martin Lamotte, Gérard Lanvin, Anémone et d'autres – établissent le lieu appelé tout d'abord La Veuve Pichard. Le 24 avril 1978, Martin Lamotte et Gérard Lanvin passent les clés à Christian Varini, lui-même comédien. C'est la naissance du **Point Virgule**. En 2007, le nouveau directeur Jean-Marc Dumontet, fort de son expérience de producteur, notamment auprès de Nicolas Canteloup et d'Alex Lutz, reprend, comme il aime à le dire, "la plus petite des grandes salles parisiennes". Depuis, des artistes prometteurs continuent de s'y produire et de s'y épanouir, et les rires d'y fuser...

• **Théâtre Les Blancs-Manteaux** • 15, rue des Blancs-Manteaux, 4e
M° Hôtel-de-Ville • Tél. 01 48 87 15 84 • blancsmanteaux.fr

• **Café de la Gare** • 41, rue du Temple, 4e • M° Hôtel-de-Ville • Tél. 01 42 78 52 51
cdlg.org

• **Le Point Virgule** • 7, rue Sainte-Croix-de-la-Bretonnerie, 4e • M° Hôtel-de-Ville
Tél. 01 42 78 67 03 • lepointvirgule.com

Un dimanche total zen

• Du naturel avant tout, chez **Sol Semilla**, un bar-resto-boutique à la déco écolo, où des passionnés utilisent des produits bio équitables et des superaliments afin de concocter, chaque dimanche, un brunch énergisant. Pour les petites faims, goûter absolument l'un des meilleurs *açaï bowls* de Paris, un mix de poudre de baie d'açaï, de banane, de myrtilles et de fruits rouges, de graines de lin et de noisettes. Bref, un super petit-déjeuner *healthy* !

• Nature et exotique, lui aussi, l'étrange **Jardin d'agronomie tropicale** semble comme endormi. Cette merveille méconnue étale ses 4,5 hectares de vestiges coloniaux au beau milieu d'un coin de forêt déserté. Ancien jardin d'essai colonial destiné en 1899 à la culture de plants de caféiers, de cacaoyers et de vanilliers, le jardin a été transformé à l'occasion de l'Exposition coloniale de 1907. Cinq villages furent alors bâtis : un campement touareg, une ferme soudanaise et des villages indochinois, malgache et congolais. La plupart de ces bâtiments ont doucement périclité au fil des années et la végétation exotique a repris ses droits. Profitez du calme d'un dimanche matin pour vous perdre dans la forêt de bambous, admirer une pagode chinoise rouge vermillon, un monument funéraire ou une statue recouverte de mousse...

Jardin d'agronomie tropicale

• Pour atterrir doucement, goûtez aux vertus apaisantes de la “ronron thérapie”. Elle nous vient des Japonais, qui ont compris depuis longtemps les bienfaits du ronronnement et de la caresse d'un pelage soyeux. Au **Café des Chats**, il est possible de siroter un thé en compagnie d'une quinzaine de spécimens. Sympathiques et peu farouches, ceux-ci se laissent volontiers approcher à condition qu'on ne les asticote pas trop ! Les félins sont habitués aux va-et-vient de la clientèle, qui n'hésite pas à utiliser le piano (mis à disposition dans le restaurant) pour égayer l'atmosphère. Vraiment anti-stress !

• **Sol Semilla** • 23, rue des Vinaigriers, 10e • M° Jacques-Bonsergent
Tél. 01 42 01 03 44 • sol-semilla.fr

• **Jardin d'agronomie tropicale** • 45 bis, avenue de la Belle-Gabrielle, 12e
RER Nogent-sur-Marne • Tél. 01 49 57 15 15 • paris.fr

• **Le Café des Chats** • 9, rue Sedaine, 11e • M° Bréguet-Sabin
Tél. 09 73 53 35 81 • lecafedeschats.fr

Respirer Paris, cela conserve l'âme.

VICTOR HUGO, *LES MISÉRABLES*

Spa Thémaé Paris

Un dimanche tout thé

• Boire du thé, c'est délicieux, mais se faire du bien avec, c'est encore mieux ! Le **Spa Thémaé Paris**, dont le nom évoque la cérémonie japonaise de préparation du thé, élabore ses précieux cosmétiques à partir d'eau de source et de quatre variétés de thés (blanc, noir, rouge et vert), chacune possédant ses propriétés spécifiques. Ici, massages, soins du visage, bain japonais *onsen* et hammam sont de haut vol. À tester : la "cérémonie Somptuosi'thé" qui associe massage au bambou, soin du visage et étirements.

• Envie d'en savoir plus sur le précieux breuvage ? Visitez le beau **musée du Thé Mariage Frères**. Vers 1660, le fondateur de la dynastie fut chargé par Louis XIV d'aller négocier avec le shah de Perse. En 1854, ses descendants ouvrirent un comptoir de thé, dont le décor demeure inchangé à ce jour, restituant à merveille l'ambiance des colonies. Malle en osier, coffrets en bois précieux, doseurs, tamis, bouilloires et, bien sûr, théières de tous les styles et de toutes les époques. À voir avant une razzia sur les thés ou après un brunch raffiné...

• Les accros au matcha, cette poudre fine de thé vert, et aux mets nippons ont leur repaire ! L'**Umami Matcha Café**, au style sobre et cosy, décline le matcha sous

toutes ses formes. En boissons, glaces et pâtisseries, sa dégustation inspire des menus pour le petit-déjeuner et le déjeuner. Sans oublier les brunchs, avec deux propositions. Le premier est *veggie*-végétarien et sans gluten ; l'autre, l'Umami, est plus gourmand. Version shot de 9 centilitres, frappé ou *latte*, le matcha possède un petit goût végétal qui rendra dépendants les plus dubitatifs. En prime, il possède des vertus antioxydantes et boostantes pour attaquer la semaine.

• **Spa Thémaé Paris** • 20-22, rue Croix-des-Petits-Champs, 1er
M° Palais-Royal-Musée-du-Louvre • Tél. 01 40 20 48 60 • themae.fr

• **Musée du Thé Mariage Frères** • 30, rue du Bourg-Tibourg, 4e
M° Hôtel-de-Ville • Tél. 01 42 72 28 11 • mariagefreres.com

• **Umami Matcha Café** • 22, rue Béranger, 3e • M° République
Tél. 01 48 04 06 02 • umamiparis.com/matchacafe

Le dimanche efface la rouille de toute la semaine..

JOSEPH ADDISON

Les 400 Coups

Un dimanche avec bébé

• Niché au bord du lac, le petit **théâtre des Marionnettes du parc Montsouris** est dirigé par Michel-Henri Rank, marionnettiste chevronné, qui tient son savoir-faire de son père. Les contes de fées classiques comme *Casse-noisette*, *Pinocchio* et *La Belle et la Bête* renaissent grâce à son talent d'auteur et de metteur en scène. Tandis que les plus petits s'installent dans des trônes rouges conçus sur mesure, les parents veillent et profitent du spectacle comique. Roudoudou joue les présentateurs, Guignol fait des apparitions et un dialogue permanent, ponctué de joyeuses interjections, s'établit entre les petits spectateurs et les marionnettes stylisées.

• Pour un repas en famille, faites un tour aux **400 Coups**, le fameux resto *kids friendly* de la Villette qui a déménagé en 2014 dans l'enceinte de la Cinémathèque. Dans cet espace lumineux avec sa déco dédiée au cinéma, tout est prévu : un restaurant, un coin lecture, avec écran d'ombres chinoises, des boîtes de Kapla, une ardoise géante et plein de livres. Sans oublier les chaises hautes à disposition. Au menu du brunch le dimanche : pain, beurre, confiture maison, brouillade d'œufs fermiers et sa salade de quinoa, poitrine fumée au sirop d'érable et petites saucisses, etc. Version bambins : pâtes à la bolognaise

Cafézoïde

ou bien succulent mini-brunch. Bref, un lieu aussi agréable pour les parents que pour leur progéniture !

• Il pleut à torrents et la nuit est déjà tombée alors que Paul sort de sa sieste... Pas question pour autant de rester enfermés à la maison ! **Le Cafézoïde**, le long du bassin de la Villette, est le refuge dont vous rêviez : un espace bébé, un coin jeux en libre accès et, régulièrement, des expositions, des spectacles, des rencontres, des concerts... On peut y prendre un jus de fruits et papoter entre amis pendant que les enfants s'amusent à l'étage. Les ados ne sont pas en reste : ils trouveront une salle insonorisée où écouter leur musique à fond et s'initier au hip-hop.

• **Théâtre des Marionnettes du parc Montsouris** • 23 bis, avenue Reille, 14e • RER Cité-Universitaire • Tél. 06 07 77 85 42 • Spectacles à 11h, 16h et 17h
guignol-parcmontsouris.com

• **Les 400 Coups** • 51, rue de Bercy, 12e • M° Bercy • Tél. 01 43 44 18 72
les400coupsalacinematheque.fr

• **Cafézoïde** • 92 bis, quai de la Loire, 19e • M° Laumière • Tél. 01 42 38 26 37
cafezoide.asso.fr

Philharmonie de Paris

Un dimanche
pour intellos en culottes courtes

• Envie de se faire une (petite) toile avec les enfants ? Emmenez-les le dimanche matin au **Cinéma des cinéastes**, génial cinéma d'art et d'essai. On y apprécie la programmation de l'Enfance de l'art, la projection de dessins animés comme de classiques. Les parents ont, en prime, le droit d'assister à l'une des séances (d'une durée de 45 minutes) proposées à partir de 10h30-11h dans les trois salles du cinéma. Il est conseillé de venir un quart d'heure en avance, car ici, il n'y a pas de publicités !

• Initier les petits à la musique sans emprunter les chemins austères du conservatoire, c'est possible ! Certains dimanches, le **musée de la Musique-Philharmonie de Paris** organise des séances d'initiation ou des ateliers thématiques avec musiciens, conteurs et danseurs (réservation indispensable). Des visites accompagnées d'un animateur et un atelier d'éveil musical permettent également aux tout-petits de s'ouvrir aux sons et aux spécificités des instruments en s'amusant. N'oubliez pas cependant que la collection permanente présente une incroyable diversité d'instruments de toutes les époques et de tous les pays. Grâce à l'audioguide inclus dans le

La Maison des Petits du Centquatre

prix du billet, chacun pourra, en déambulant, découvrir les sonorités et les nuances des clavecins, mandolines, luths et autres cistres.

• Créer dans une bulle arty, pourquoi pas ? Designée par Matali Crasset, la **Maison des Petits du Centquatre** est un espace unique à Paris. Elle a pour mission de favoriser la créativité des 0-5 ans par l'art et le jeu. Le Nombril – une coquille protectrice réservée aux bébés, où l'on peut les masser ou les bercer – mérite à lui seul le détour. De nombreux jeux d'inspiration Montessori ainsi que diverses animations sont proposés. Et pour affermir la vocation des commissaires d'expo en herbe, terminez donc par un tour dans les ateliers d'artistes ouverts à la curiosité du public de chaque côté de la traversée centrale dans l'ancien Service municipal des pompes funèbres.

• **Cinéma des cinéastes** • 7, avenue de Clichy, 17e • M° Place-de-Clichy
Tél. 0 892 689 717 • cinema-des-cineastes.fr

• **Philharmonie de Paris** • 221, avenue Jean-Jaurès, 19e • M° Porte-de-Pantin
Tél. 01 44 84 44 84 • 10 € (enfant), 14 € (adulte) • philharmoniedeparis.fr

• **La Maison des Petits du Centquatre** • 104, rue d'Aubervilliers ou 5, rue Curial, 19e • M° Riquet • Tél. 01 53 35 51 21 • Ouvert du mardi au dimanche de 14h30 à 18h (dernière entrée : 17h) • 104.fr

Galerie des Jouets du musée des Arts décoratifs

Un dimanche au milieu des joujoux

• Au Champ-de-Mars, les enfants sages se laisseront tenter par une chevauchée à l'ancienne sur les montures en bois colorées du **manège 1913 Paris.** Rien à voir avec les attractions ultrasoniques ! Mû par la force humaine, ce manège à l'ancienne permet aux bambins de faire tranquillement coucou à leurs parents, en montant fièrement sur des chevaux qui possèdent tous un petit nom : Riska, Maya, Jan... À la main des enfants, une badine avec laquelle ils s'efforcent d'attraper des anneaux. Pas facile, mais marrant. Et le meilleur gagne un tour gratuit !

• Le deuxième étage du **musée des Arts décoratifs** abrite toute l'année une galerie dédiée aux jouets, réalisés principalement entre le milieu du XIXe siècle et aujourd'hui. Poupées, ours, robots, jouets mécaniques, héros de la littérature ou du cinéma s'y partagent la vedette lors des deux expositions annuelles qui leur sont consacrées. Ce petit monde raconte, dans trois salles tout en longueur, bien des histoires pour une parenthèse enchantée – comme une expo sur l'École des loisirs ou une rétrospective Barbie.

Musée du Jouet

• Installé dans un beau bâtiment – l'ancienne porterie du prieuré royal Saint-Louis –, le **musée du Jouet** de Poissy rend hommage au passé. Plus de 600 joujoux y sont sagement consignés et patientent derrière de larges vitrines dans une ambiance tamisée. Du XVIIe au XXe siècle, le jouet reflète ici les changements de la société et de l'éducation de l'enfant. Parcours tactiles et espaces de jeux complètent l'expérience.

• **Manège 1913 Paris** • À l'angle des avenues Charles-Risler et Pierre-Loti, 7^e^
M° École-Militaire • manege1913paris.com

• **Galerie des Jouets du musée des Arts décoratifs** • 107, rue de Rivoli, 1er
M° Palais-Royal-Musée-du-Louvre • Tél. 01 44 55 57 50 • lesartsdecoratifs.fr

• **Musée du Jouet** • 1, enclos de l'Abbaye • 78300 Poissy • RER Poissy
Tél. 01 39 22 56 01 • ville-poissy.fr

Gaîté Lyrique

Un dimanche avec un ado qui fait la tête

• Rien de tel qu'un bon délire numérique pour oublier sa crise d'adolescence ! À la **Gaîté Lyrique**, cohabitent musique électro, expos sur les tendances du graphisme, jeux vidéo, cinéma et théâtre. Tous les dimanches, des artistes investissent cet espace dédié au numérique avec une programmation musicale décalée. Celle-ci, variée, expérimentale et dynamique, étonnera les plus blasés... et à coup sûr leurs parents épuisés. Ceux-ci iront en douce se réfugier au bar du foyer historique de cet ancien théâtre (autrefois dirigé par Jacques Offenbach !) pour siroter une limonade bio...

• Débutants ou confirmés, passez un dimanche après-midi en équilibre sur vos deux jambes. Sur un **hoverboard**, un gyropode sans guidon, on découvre Paris depuis les quais de Seine. Au départ du Marais, un animateur nous initie à la manipulation de cet engin de mobilité jusqu'à ce que tous les participants se sentent à l'aise. Puis, c'est parti pour 45 minutes de balade ludique en petit groupe. Deux départs sont programmés chaque dimanche (14h30 et 17h) et ouverts aux enfants, dès 8 ans.

Balade en hoverboard

• Entre amis, avec vos ados ou en solo, faites l'expérience de la réalité virtuelle et de la téléportation grâce à **Sparkling VR**. Plongés dans une autre dimension, au sein de ce loft de 300 m^2, on ne voit pas l'après-midi filer ! Les casques, à la pointe de la technologie, vous permettront de travailler stratégie et agilité. Une dizaine de jeux différents sont proposés pour une déconnexion totale du réel.

• **Gaîté Lyrique** • 3 bis, rue Papin, 3e • M° Réaumur-Sébastopol
Tél. 01 53 01 51 51 • Ouvert de 14h à 18h • gaite-lyrique.net

• **Balade dans Paris en hoverboard** • familinparis.fr/balade-hoverboard-tarif-reduit

• **Sparkling VR** • 6, rue de la Pépinière, 8e • M° Saint-Lazare
Tél. 01 47 42 43 70 sparklingvr.com

Le Manoir de Paris

Un dimanche chair de poule

• Pour une séance de trouille monstre, entrez dans ce qui semble encore être un bel hôtel particulier. Là, dans la pénombre du **Manoir de Paris**, se dessine un labyrinthe peuplé de squelettes de frôlements intempestifs... Le Manoir de Paris, entre parc d'attraction et maison hantée, propose un parcours digne du plus angoissant des trains fantômes sur deux niveaux et un kilomètre de marche où tous les sens sont sollicités. Une vingtaine d'effrayantes légendes de Paris sont ici reconstituées en son et lumière et incarnées par des comédiens costumés. Tout le monde adore !

• "Arrête ! C'est ici l'empire de la mort." C'est par ces mots que les visiteurs sont accueillis à l'entrée des **Catacombes**, où les ossements de Parisiens jadis entreposés au cimetière des Innocents ont été transférés de la fin du XVIIIe siècle au début du XIXe siècle. Parmi les milliers de tibias et les crânes anonymes, se glissent ceux d'illustres personnages tels que La Fontaine, Montesquieu ou Danton. Ceux-ci n'ont d'ailleurs pas la tête plus grosse que les autres ! La visite dure 45 minutes et se fait à pied par une température de 14 °C dans des couloirs plus ou moins bien éclairés... Tremblez, carcasses !

Les Catacombes

• Partez pour d'autres mondes le temps d'un escape game – jeu d'évasion grandeur nature qui convie trois à six participants dans une salle close. Le but est de parvenir à en sortir au moyen de divers indices et d'informations soufflées par le Game Master en 60 minutes chrono. Le centre d'**escape game One Hour** vous donnera la chair de poule avec son jeu "Lost Asylum". Déconseillé aux âmes sensibles, il a pour cadre un hôpital psychiatrique qui vient de fermer ses portes après un événement tragique. Le jeu "L'Abattoir" vous forcera à fuir un boucher sadique.

• **Le Manoir de Paris** • 18, rue de Paradis, 10e • M° Château-d'Eau
lemanoirdeparis.fr • Compter 45 minutes pour la visite

• **Les Catacombes** • 1, avenue du Colonel-Henri-Rol-Tanguy, 14e
M° Denfert-Rochereau • Tél. 01 43 22 47 63 • catacombes.paris.fr

• **Escape game One Hour** • 24, rue Émile-Lepeu et 23, rue Servan, 11e
M° Philippe-Auguste • one-hour.fr

Musée Cognacq-Jay

Un dimanche avec mamie

• Tranquille et chic avec ses meubles estampillés et ses tableaux anciens (portraits, paysages de ruines antiques, sujets mythologiques et autres scènes de genre), le **musée Cognacq-Jay** est une reconstitution précieuse d'une demeure aristocratique du XVIIIe siècle. À l'origine de cette collection exceptionnelle, Ernest Cognacq et son épouse Marie-Louise Jaÿ, fondateurs de la Samaritaine, qui firent acheter par leurs conseillers ce qu'il y avait de plus beau et de plus cher sur le marché de l'art à l'époque. Ces pièces – parfois des chefs-d'œuvre –, installées depuis 1990 dans l'hôtel Donon, aussi fastueux que tarabiscoté, feront rêver les plus branchées des grands-mères...

• Esthète jusqu'au bout de la fourchette, votre aïeule appréciera le décor de la salle à manger de l'ancien hôtel particulier d'Édouard André, édifié entre 1869 et 1875. Au fond de la cour d'honneur de ce qui est désormais le **musée Jacquemart-André**, ce magnifique salon de thé est décoré de quatre tapisseries XVIIIe représentant l'histoire d'Achille, le héros de la guerre de Troie. À cadre exceptionnel, cuisine de qualité : au déjeuner, on peut opter pour une salade Vigée-Lebrun ou un brunch copieux. Ensuite, cap sur les Tiepolo et autres trésors de la collection !

Café Jacquemart-André

• Gourmande comme pas deux, Granny ? Une pause scones s'impose dans le cadre intime et boisé du **Tea Caddy**, un salon de thé qui n'a pas changé d'un pouce depuis 1928 et a conservé sa vocation de petit coin d'Angleterre. Son secret ? Une vaisselle Blue Willow, des spécialités typiquement britanniques et un accueil charmant. Crumble, apple pie et muffins sont ici élaborés selon des recettes datant de l'ouverture et les scones tout chauds présentés avec la *clotted cream* et sa confiture de fraises maison. À quoi s'ajoute une belle carte de thés classiques ou de dégustation. *So chic* !

• **Musée Cognacq-Jay** • 8, rue Elzévir, 3e • M° Chemin-Vert ou Saint-Paul
Tél. 01 40 27 07 21 • Entrée gratuite pour les collections permanentes
museecognacqjay.paris.fr

• **Café Jacquemart-André** • 158, boulevard Haussmann, 8e • M° Miromesnil
Tél. 01 45 62 11 59 • musee-jacquemart-andre.com

• **The Tea Caddy** • 14, rue Saint-Julien-le-Pauvre, 5e • M° Saint-Michel
Tél. 01 43 54 15 56 • the-tea-caddy.com

Marcel

Un dimanche pour bruncher

• Pour un brunch comme à Londres ou à New York en plein Montmartre, filez chez **Marcel** ! Ici, presque toutes les suggestions sont en anglais et le brunch est servi en continu et à la carte. Soit on opte pour le Full English breakfast que l'on agrémente de sides divers (granola maison, avocado toast, pancakes au sirop d'érable), soit on choisit les belles et grandes salades (Caesar, Cobb, Green Bowl) que l'on complète par de délicieux desserts : carrot cake, cheesecake sans oublier l'exquis Berry mess (meringue maison, crème fouettée maison, coulis de fruits rouges et fruits rouges). Pour digérer, on musarde dans les ruelles alentour, pleines de charme.

• Amateurs de légumes croquants et de sandwichs club sans gluten, bienvenue chez **Judy** ! Ici, murs blancs et plantes vertes mettent en valeur les produits bio et les assiettes colorées. Le pudding de chia est un bon choix pour faire le plein d'énergie, mais les toasts d'avocat aux œufs pochés sont un régal aussi, arrosés d'un jus vitaminé ou *cold press juice*. Notre favori : le Sweet Green (chou kale, pomme, persil, ananas et spiruline). Ne partez pas sans avoir goûté au gâteau cru au chocolat et aux fruits secs concassés.

Le Pavillon des Canaux

• Laissez-vous emporter par la poésie qui se dégage du **Pavillon des Canaux**, authentique maison éclusière réhabilitée en coffee bar-restaurant cool et décontracté. Chambres, salle de bains, bureaux, boudoir, tout est décoré avec fantaisie et personnalité, comme si l'on était chez soi. Installez-vous dans votre pièce préférée pour siroter un café filtre et appréciez votre assiette salée (pain *bun*, œufs brouillés, avec bacon ou saumon, ou végétariens, salade betterave-feta) et les jolis desserts. À noter : vide-dressing certains dimanches et, le reste de la semaine, atelier de massage shiatsu ou cours de sophrologie.

• **Marcel** • 1, villa Léandre, 18ᵉ • M° Lamarck-Caulaincourt • Tél. 01 46 06 04 04
Autres adresses sur le site restaurantmarcel.fr

• **Judy** • 18, rue de Fleurus, 6ᵉ • M° Rennes • Tél. 01 43 25 54 14 • judy-paris.com

• **Le Pavillon des Canaux** • 39, quai de la Loire, 19ᵉ • M° Laumière
Tél. 01 73 71 82 90 • pavillondescanaux.com

Passage des Panoramas

Un dimanche pour échapper à la pluie

• Promenez-vous à travers le temps et arpentez le **passage des Panoramas**. Long de 133 mètres, il fut construit en 1799, ce qui en fait un pionnier parisien. Il desservait alors deux vastes rotondes – les fameux panoramas – qui abritaient des toiles circulaires représentant avec un réalisme confondant une vue de Paris ou l'évacuation de Toulon par les Anglais. L'attraction connut un grand succès jusqu'en 1831. En face, sur l'autre rive du boulevard, s'ouvre le **passage Jouffroy**, long de 140 mètres. Inauguré en 1846, ce dernier est l'un des plus tardifs du genre ; il bénéficia en conséquence de perfectionnements dont ses semblables étaient dépourvus. Ce passage fut le premier à disposer d'un système de chauffage par le sol. En enfilade, le **passage Verdeau**, long de 75 mètres, relie la rue de la Grange-Batelière à la rue du Faubourg-Montmartre. Bâti au même moment que le passage Jouffroy et par les mêmes architectes, de style néoclassique, il est inscrit aux monuments historiques, avec ses verrières et ses décors intérieurs très épurés.

• La pluie est un prétexte idéal pour s'enfermer tout l'après-midi au cinéma. Lieu éclectique, le **Lucernaire** est très prisé des cinéphiles. Si le dernier Woody Allen n'est plus guère diffusé, ici il l'est encore ! Rattrapez-vous grâce à l'une

Aquarium de Paris

des quatre séances, de 13h30 à 23h, dans l'une des trois salles. Des documentaires suivis de débats ou des films d'animation jeune public sont également au programme. On y trouve aussi un bar-restaurant au rez-de-chaussée, dans une grande salle au style un peu foutraque. Trois salles de théâtre, une galerie d'exposition et une librairie complètent la panoplie de ce lieu culte.

• Les entrailles des jardins du Trocadéro abritent l'**Aquarium de Paris**, un monde secret où se cachent 10 000 poissons et invertébrés. Direction le "bassin caresses" pour permettre aux plus jeunes de toucher les carpes koï et les poissons rouges en toute tranquillité ! Ils découvriront qu'un poisson, c'est plutôt doux et gentil... Mais c'est compter sans le gigantesque aquarium ultramoderne qui accueille 38 requins (excusez du peu) ! Trois cinémas et des dizaines d'écrans plats projettent films d'animation, dessins animés faits maison et reportages.

• **Passages des Panoramas, Jouffroy et Verdeau** • Passages couverts 2e et 9e • M° Grands-Boulevards

• **Lucernaire** • 53, rue Notre-Dame-des-Champs, 6e • M° Notre-Dame-des-Champs • Tél. 01 42 22 26 50 • lucernaire.fr

• **Aquarium de Paris** • 5, avenue Albert-de-Mun, 16e • M° Iéna
Tél. 01 40 69 23 23 • cineaqua.com

Marché aux puces de la porte de Vanves

Un dimanche pour chiner

• Démarrez aux aurores votre dimanche aux **puces de Vanves**, le marché où les chineurs passionnés se lèvent tôt pour arriver et fouiller les premiers “au cul du camion”. On y trouve de tout : meubles de familles, vieux livres, accessoires vintage, tableaux anciens... Moins fréquentées par les badauds et les touristes que les puces de Saint-Ouen, moins frelatées que celles de Montreuil – les connaisseurs affirment qu’on y fait les meilleures trouvailles.

• Trop peu de gens savent que la **place d’Aligre** est un vrai repaire de chineurs... Or, tous les dimanches matin, qu’il pleuve ou qu’il vente, Adel et ses amis tiennent des stands très intéressants pour ceux qui aiment farfouiller. Livres, bibelots trouvés lors de débarras... Les prix sont serrés, les discussions et les marchandages pleins d’humour et l’ambiance chaleureuse. Une excellente alternative aux vide-greniers de quartier.

• Envie de prendre un verre... ou d’en acheter plusieurs ? L’**Ave Maria** vous accueille dans un joyeux bric-à-brac d’objets chinés, même le dimanche soir. Tout à fait dans l’esprit brocante du village Popincourt, le resto est rempli de babioles en tout genre, rassemblés au fil des nombreux périples de la patronne.

Ave Maria

S'il est possible de boire simplement un mojito ou une caïpirinha, la cuisine de l'océan Indien a la vedette : le voyage, toujours le voyage... Détail important : la maison ne prend pas les cartes bancaires.

• **Marché aux puces de la porte de Vanves** • Avenue de la Porte-de-Vanves et avenue Marc-Sangnier, 14e • M° Porte-de-Vanves • À partir de 7h le matin pucesdevanves.typepad.com

• **Brocante de la place d'Aligre** • place d'Aligre, 12e • M° Ledru-Rollin Le dimanche matin, jusqu'à 13h

• **Ave Maria** • 1, rue Jacquard, 11e • M° Parmentier • Tél. 01 47 00 61 73 Ouvert à partir de 19h • Facebook : Ave Maria Bar Resto Paris

Le samedi, le temps ralentit,
avant de s'arrêter tout
à fait le dimanche.
GENEVIÈVE BRISAC

L'Établisienne

Un dimanche pour bricoler

• **L'Établisienne** est une véritable ruche où l'on vient bricoler avec toutes sortes d'outils à l'heure ou à la journée – sur l'un des établis en location de cet atelier de 280 m². Construire un meuble, poncer un volet, désosser un fauteuil ou remplacer une vitre cassée : tout est possible. Et le dimanche, des stages sont proposés aux débutants. La thématique la plus appréciée ? Le travail du bois. Vous y apprendrez à utiliser une scie circulaire, à fabriquer des objets en bois de palette et à maîtriser les techniques de découpe et d'assemblage. Dans la partie dépôt-vente, on peut chiner à volonté. En prime, on peut échanger un meuble contre des heures d'atelier en libre-service.

• **Mon Atelier en Ville**, *makerspace urbain*, va vous sauver la vie, car avec des appartements de 49 m² en moyenne, les Parisiens n'ont pas vraiment d'espace pour laisser libre cours à leurs envies de ponçage et de soudure ! Cap sur ce vaste atelier partagé, dans lequel 500 outils sont mis à votre disposition. Si vous souhaitez construire une étagère, une maquette, un prototype de lampadaire ou simplement recoudre un ourlet, cet endroit sera parfait – que vous veniez avec vos propres matériaux ou que vous préfériez les commander

Les Inventeurs

directement *via* l'atelier. Un espace numérique avec imprimantes 3D est également accessible, ainsi qu'une cabine de peinture au pistolet (sur réservation). Le dimanche, profitez aussi des cours de bricolage donnés par certains clients.

• Il n'y a pas d'âge pour retrousser ses manches et enfiler un tablier de bricoleur ! **Les Inventeurs** est un espace dédié à la création et à l'apprentissage qui propose des ateliers d'environ 1h30. Le dimanche, les techniques du "do it yourself" et du bricolage sont adaptées à des duos parents-enfants. Confectionner un coffre aux trésors, fabriquer ses décorations de Noël ou un petit train miniature, c'est passionnant. Découper, assembler, personnaliser... À vos inventions !

• **L'Établisienne** • 88, boulevard de Picpus, 12e • M° Picpus • Tél. 01 43 46 35 32
letablisienne.com

• **Mon Atelier en Ville** • 30, rue de Cléry, 2e • M° Sentier • Tél. 09 82 55 08 34
monatelierenville.com

• **Les Inventeurs** • 94, rue Philippe-de-Girard, 18e • M° Marx-Dormoy
Tél. 06 64 31 66 28 ou 06 45 88 64 42 • lesinventeurs.paris

L'Échappée

Un dimanche entre filles

• Dans le cadre intimiste de **l'Échappée**, on déjeune, on se fait masser et l'on se délasse : 800 m² de pur plaisir dans un décor néo-industriel, à deux pas de la Bastille. Au rez-de-chaussée, une salle "pratiques douces" (yoga, Pilates), un hammam et une verrière sous laquelle s'étend un vaste bassin azur maintenu à une température de 35 °C, équipé de jet-stream, d'un canon à eau et autres bancs hydromassants. Au sous-sol, des cabines avec pierres apparentes accueillent celles et ceux qui souhaitent bénéficier de massages ayurvédiques de qualité, d'une épilation très pro et de soins du visage. Enfin, à l'étage, un resto cosy, coincé entre les toits de Paris, invite à déguster un brunch ou à savourer un plat du jour. Pour tout oublier du monde.

• Ouverte en 2016 par deux sœurs super inspirées, **Klin d'œil** est à l'origine une boutique-galerie aux couleurs vitaminées qui présente la fine fleur de l'artisanat parisien. Le samedi et le dimanche, dans l'espace adjacent, on s'inscrit à de sympathiques ateliers pour devenir en deux heures la reine du tissage, de la sérigraphie, de la peinture sur soie ou de la broderie... Ces sessions DIY sont animées par des créatrices de talent, souvent instagrammeuses bien connues des passionnées.

• Plongez dans l'univers du cabaret et de l'effeuillage burlesque grâce à **Olala Party**. En solo, en duo ou entre copines, mademoiselle Loison et sa troupe vous enseignent l'art de vous mettre en scène et d'exalter votre féminité. Avec les accessoires à votre disposition – chapeaux, boas de plumes, gants, porte-cigarettes –, éveillez la *show girl* meneuse de revue qui se dandine en vous.

• **L'Échappée** • 64, rue de la Folie-Méricourt, 11e • M° Oberkampf
Tél. 01 58 30 12 50 • Ouvert de 10h à 19h • lechappee.com

• **Klin d'œil** • 6, rue Deguerry, 11e • M° République • Tél. 01 77 15 22 30
klindoeil.com

• **Olala Party** • Tél. 06 98 32 19 08 • olalaparty.com

Un dimanche *green*

• Créée par le photographe Yann Arthus-Bertrand au cœur du domaine de Longchamp qui s'étend sur 3,5 hectares, la **Fondation GoodPlanet**, entièrement dédiée à l'écologie et à l'humanisme, offre aux petits comme aux grands une multitude d'activités pour apprendre, expérimenter et s'émerveiller. Non seulement le célèbre photographe y expose ses photos et y projette ses documentaires, mais un potager et un verger sont plantés sur le parvis, tandis que la clairière accueille concerts ou jeux géants. Et le long d'un sentier pédagogique, les promeneurs admirent nichoirs, hôtels à insectes et un jardin des parfums. Chaque week-end s'y déroulent un événement et de nombreux ateliers gratuits, sur les thèmes de la permaculture ou de la cuisine notamment.

• La **Ligue de Protection de Oiseaux** d'Île-de-France propose des visites ornithologiques chaque week-end sur réservation. On peut bien sûr arpenter la région mais le dépaysement est aussi dans Paris intramuros. Vous pourrez ainsi percer le mystère des chants d'oiseaux du jardin des Plantes, du parc Montsouris, du bois de Boulogne et même cimetière du Père-Lachaise ou de Bagneux ! Les sorties qui durent entre 2h et 2h30 sont animées par des

spécialistes passionnés et passionnants ; et surtout, elles sont gratuites ! Prévoir chaussures de marche, vêtements chauds, jumelles et guide ornithologique.

• Construite sous le Second Empire, à l'époque des grands aménagements du baron Haussmann, l'ancienne ligne de chemin de fer de la **Petite Ceinture**, longue de 32 kilomètres, était abandonnée depuis 1993. Depuis une quinzaine d'années, la Ville de Paris a entrepris sa reconquête. Quel bonheur de déambuler en hauteur, loin du bruit des voitures, dans une nature foisonnante et souvent indomptée. Un corridor écologique s'étend notamment sur 1,2 kilomètre, de la porte d'Auteuil à la porte de La Muette (16e). Reliant les parcs André-Citroën et Georges-Brassens sur 1,3 kilomètre, la portion du 15e accueille 220 espèces de plantes et d'animaux. Le tronçon du 13e, quant à lui, relie le jardin de la Poterne-des-Peupliers, le jardin du Moulin-de-la-Pointe et le jardin Charles-Trenet. Enfin, une dernière portion a vu le jour le long de la rue de Bel-Air, dans le 12e.

• **Fondation GoodPlanet** • Bois de Boulogne • 1, carrefour de Longchamp, 16e
Bus 241, arrêt Camping-des-Moulins ou 244, arrêt Carrefour-de-Longchamp
Tél. 01 48 42 18 00 • goodplanet.org

• **LPO** • Toutes les infos sur lpo-idf.fr

• **Petite Ceinture** • Toutes les infos sur les accès et son histoire sur paris.fr ou petiteceinture.org

Fondation Henri-Cartier-Bresson

Un dimanche tout photo

• C'est en novembre 2018 que la **Fondation Henri-Cartier-Bresson** a investi ses nouveaux murs de la rue des Archives. Si l'objet principal de la Fondation est la conservation et la mise en valeur de l'œuvre de Cartier-Bresson, à travers ses photos, ainsi que des dessins, des livres, des films et documents divers, elle propose également aux amateurs des expositions de grande qualité sur d'autres photographes, de notoriété variable (William Eggleston, Martine Franck, Robert Doisneau, August Sander...).

• Où trouver, au cœur du Marais, un centre d'exposition pointu dédié à la création photographique contemporaine, une bibliothèque spécialisée en photo, une vidéothèque, un auditorium, une librairie et même un charmant café ? À la **Maison européenne de la photographie**, une institution pas figée pour un sou, installée dans l'hôtel Hénault de Cantobre. Du reportage à la photographie plasticienne en passant par la mode, son fonds regroupe plus de 20 000 œuvres. Parmi elles, on admire l'intégralité de séries réalisées par les plus grands noms de la photographie, comme Raymond Depardon, Robert Frank ou Bernard Faucon. Un ensemble enrichi de donations d'artistes tels qu'Henri Cartier-Bresson, Jim Dine et Irving Penn.

Le BAL

• L'impasse pavée qui longe le square des Deux-Nèthes débouche sur une découverte intéressante : **le BAL**. Dans les Années folles, la guinguette Chez Isis attirait ici une clientèle venue s'encanailler, remplacée après la Seconde Guerre mondiale par le plus grand PMU de France. Aujourd'hui, sur deux niveaux, ce centre d'exposition très vivant marie photographies, vidéos, cinéma et nouveaux médias, toujours dans un axe documentaire très contemporain. De la famille à la guerre ou à l'underground japonais, toutes les thématiques y sont abordées, sous un angle original, voire dérangeant. Après la visite, faites une pause au restaurant pour vous requinquer. En été, une jolie terrasse permet de profiter de la vue sur le square.

• **Fondation Henri-Cartier-Bresson** • 79, rue des Archives, 3e
M° Arts-et-Métiers • henricartierbresson.org

• **Maison européenne de la photographie** • 5-7, rue de Fourcy, 4e
M° Saint-Paul • Tél. 01 44 78 75 00 • mep-fr.org

• **Le BAL** • 6, impasse de la Défense, 18e • M° Place-de-Clichy
Tél. 01 44 70 75 50 • le-bal.fr

Maison de Balzac

Un dimanche littéraire

• Des trouvailles à foison sont garanties au **Marché du livre ancien et d'occasion**, qui se tient chaque week-end sous les halles d'un pavillon de style Baltard, vestige des anciens abattoirs de Vaugirard. Ici, une cinquantaine de libraires, bouquinistes et collectionneurs y présentent leurs beaux ouvrages et petites découvertes récentes ou rares. Si vous venez en famille, ne ratez pas le stand de littérature jeunesse de Bertrand Voyer et sa belle collection d'exemplaires du Club des Cinq, du Clan des Sept et des Six Compagnons... Des mythes !

• **Balzac** a vécu dans cette merveilleuse petite maison, bordée d'un jardin paisible, entre 1840 à 1847, à une époque où Passy était encore un village. On y butinera tranquillement entre les différents tableaux représentant le grand écrivain ou sa maîtresse, madame Hanska, et parmi les incroyables documents de travail ayant servi à l'élaboration de *La Comédie humaine*. C'est ici en effet, sur son bureau en noyer, loin de l'agitation de la ville, que Balzac en conçut les 4 000 (!) personnages. Autre curiosité littéraire : les extraits de *La Vieille Fille*, le premier roman-feuilleton français. On s'imagine là l'illustre auteur, criblé de dettes (il sortait par une porte dérobée pour échapper à ses

La Belle Hortense

créanciers) et travailleur acharné (il pouvait reprendre jusqu'à vingt fois l'écriture d'une page, en s'abreuvant de litres de café).

• Librairie, bar, cave à vins, **La Belle Hortense,** avec son allure de boudoir cosy, séduit à tous les coups. Expositions éphémères, signatures de livres et lectures : il s'y passe toujours quelque chose ! Le patron, qui est aussi le propriétaire du restaurant Les Philosophes situé juste en face, avoue un petit faible pour le bio. Ses vins, vendus au verre, à la bouteille ou à emporter, font l'objet d'une sélection rigoureuse, et il n'est pas rare de croiser des vignerons venus présenter leurs cuvées. Du vin et des livres : ivresse des sens et de l'esprit garantie !

• **Marché du livre ancien et d'occasion** • Parc Georges-Brassens
104, rue Brancion, 15ᵉ • M° Porte-de-Vanves ou Convention • gippe.org

• **Maison de Balzac** • 47, rue Raynouard, 16ᵉ • M° Passy • Tél. 01 55 74 41 80
maisondebalzac.paris.fr • Entrée libre dans les collections permanentes, sauf pendant les expositions temporaires (en travaux. Réouverture à l'été 2019).

• **La Belle Hortense** • 31, rue Vieille-du-Temple, 4ᵉ • M° Hôtel-de-Ville
Tél. 01 48 04 71 60 • cafeine.com/fr/belle-hortense

Café des Phares

Un dimanche pour philosopher

• Prenez rendez-vous avec la sagesse au **Café des Phares**, premier café philosophique de France – et du monde ! –, qui a vu le jour en 1992 sous l'influence de Marc Sautet. Spécialiste de Nietzsche, il dirigeait ici un débat ouvert à tous. Depuis, la tradition se perpétue. Chaque dimanche matin de 10h30 à 12h15, une trentaine de personnes échangent ensemble autour d'un thème bien défini tel que "Les hommes au pouvoir sont-ils faibles ?" ou "Quel sens donner à l'indignation ?"... Consommation obligatoire, cogitation garantie !

• Sabine est l'une des rares femmes à animer un café-philo à Paris, à **La Factorie**. Tous les deuxièmes dimanches du mois, 18 à 25 participants, philosophes éclairés, intellectuels ou curieux, viennent débattre ici autour d'une thématique comme "Chercher ou trouver", "La beauté sauvera-t-elle le monde ?", "Faut-il craindre de craindre ?"... Sabine entame la discussion par un exposé de 20 minutes pour poser les repères, faire un état des lieux de la question soulevée et citer quelques auteurs de renom afin de structurer la réponse apportée. Chacun est libre de réagir à sa façon, en apportant son petit grain de sel ou sa fantaisie.

• Partez pour une exploration philosophique du Quartier latin, l'un des centres intellectuels les plus bouillonnants d'Europe. Laissez-vous guider, d'avril à octobre, par **Glenn Horn**, conférencier intarissable, diplômé en philosophie (et en biologie). La visite qu'il propose, d'une durée de 2 heures minimum, s'étend sur 3 kilomètres au départ du parvis de Notre-Dame. Elle débute par une brève histoire de la civilisation gallo-romaine et de la perte de la sagesse philosophique... De récits en citations, on déambule dans les ruelles de ce labyrinthe à la découverte de Descartes, Pascal, Hobbes (qui séjourna 10 ans à Paris) ou Montesquieu, Diderot ou encore Voltaire. Génial !

• **Café des Phares** • 7, place de la Bastille, 4e • M° Bastille • Tél. 01 42 72 04 70
cafe-philo-des-phares.com

• **La Factorie** • Salle à l'étage • 32, boulevard de Ménilmontant, 20e
M° Ménilmontant • sab.pianiste.free.fr • Entrée libre avec consommation

• **Glenn Horn** • guideapolis.fr/fr/visite/ql-idees • ql.idees@gmail.com •
Sur réservation pour les groupes constitués

Un dimanche riche en sensations fortes

• Des fillettes, il n'y en a pas beaucoup, ici... Le milieu du skate serait-il un brin macho ? Toujours est-il que c'est impasse des Fillettes, dans le 18e arrondissement, que se trouve **le plus grand skatepark de Paris** : pas moins de 3 000 m² aménagés pour les fondus de skate, de roller et de BMX. Un ensemble impressionnant, avec une aire de *street* comprenant rampes, escaliers et bordures, une zone *bowl* et une *fun box*... L'affluence varie selon les jours. Les débutants n'ont pas été oubliés puisqu'ils disposent de leur propre zone.

• Grimper toujours plus haut, c'est votre rêve ? Foncez chez **MurMur**, la référence de l'escalade indoor depuis près de 15 ans, avec une équipe de 25 personnes qui accueille les grimpeurs 7 jours sur 7 sur plus de 500 voies d'escalade. Tout a été conçu pour retrouver l'ambiance chaleureuse d'un refuge où l'on prépare sa grande course du lendemain : façade intérieure au look chalet savoyard, espace pique-nique rustique aux bancs de bois. Sur un écran vidéo, les exploits des plus grands défilent : Yosemite, cascades de glace, Verdon... De quoi nourrir ou consolider votre motivation !

Urban Challenge

• Transpirer sous la houlette d'un beau pompier, il y a plus désagréable... Savez-vous qu'un effort effectué en plein air permet de brûler 30 % de calories de plus qu'en intérieur ? Forte de ce constat, l'équipe de **Urban Challenge** organise des séances de sport dans les parcs parisiens, toute l'année. Les entraîneurs sont issus du corps des sapeurs-pompiers, c'est dire la qualité du coaching. La séance dure une heure, et toutes les parties du corps sont sollicitées. On ressort de là heureux, détendu, prêt à recommencer. Divers cours sont donnés dans plusieurs lieux qui changent chaque dimanche.

• **Espace de glisse parisien-Skatepark de Paris** • Impasse des Fillettes, 18e
01 40 05 62 00 • Entrée libre

• **MurMur** • 55, rue Cartier-Bresson • 93500 Pantin • 01 48 46 11 00 • murmur.fr
Ouvert tous les jours

• **Urban Challenge** • urban-challenge.fr

Un dimanche au fil de l'eau

• Une expérience VIP sur la Seine, ça vous tente ? Amarré entre le pont Charles-de-Gaulle et le viaduc d'Austerlitz, le **OFF Paris Seine** fait partie de ces escales secrètes dont les Parisiens raffolent. Hôtel et bar à cocktails flottant, l'établissement abrite 58 chambres (dont 4 suites), un couloir de nage en plein air, une marina et une terrasse à quai (400 m^2 aux beaux jours). Le soir, on peut s'y restaurer avec vue sur la Seine. Le bâtiment, sobre et élégant, constitue une halte dominicale raffinée pour siroter un Spritz sans être vu.

• Le **Point Éphémère**, “centre de dynamiques artistiques”, ancien magasin Point.P, est un lieu au charme quasi berlinois qui, hiver comme été, secoue Paris. Le dimanche, après avoir goûté les petits plats de cuisine afro-fusionnée : poulet cajun, bœuf effiloché, plantains frits, on a le loisir de parcourir une exposition éphémère ou d'assister à un concert, une conférence ou une soirée à thème. Une grande terrasse sur le quai permet de prendre le soleil au calme, avec une vue dégagée sur le canal Saint-Martin et l'horizon.

• Du bassin de la Villette au port de l'Arsenal de la Bastille, laissez-vous bercer pendant 2h30 par le clapotis de l'eau, au fil d'une croisière **Canauxrama** rythmée par l'histoire du “Paris des Parisiens”.

Canauxrama

• Écrin tout en transparence, **Fluctuart** bouscule le paysage artistique. Ce centre d'art flottant fait onduler ses œuvres à deux pas du pont des Invalides. Des pionniers du street art aux artistes contemporains, l'espace modulable de 1 000 m² présente l'art urbain au fil des trois grandes expositions temporaires annuelles. Le dimanche, un brunch est proposé au cœur de la collection permanente tandis que des ateliers d'initiation artistique sont proposés aux bambins. Un lieu vibrant, gratuit et encore plus chouette aux beaux jours avec son rooftop.

• **OFF Paris Seine** • 86, quai d'Austerlitz, 13e • M° Gare-d'Austerlitz
Tél. 01 44 06 62 65 • offparisseine.com

• **Point Éphémère** • 200, quai de Valmy, 10e • M° Jaurès • Tél. 01 40 34 02 48
pointephemere.org

• **Canauxrama** • Port de l'Arsenal, face au 50, boulevard de la Bastille, 12e
M° Bastille • canauxrama.com

• **Fluctuart** • Pont des Invalides, port du Gros-Caillou, 7e • M° Invalides
fluctuart.fr • Brunch le dimanche de 11h30 à 15h30 : resabar@fluctuart.fr

Jardin partagé Leroy-Sème

Un dimanche en altitude

• Grimpez au sommet de la **rue du Télégraphe**, la plus haute de Paris, perchée à 128 mètres d'altitude et qui culmine au n° 40, à deux pas du cimetière de Belleville. Ambiance *On a marché sur la Lune* dans cette ruelle calme et désertique. Là, le télégraphe Chappe, installé par Claude Chappe, permit en 1793 d'envoyer un message en 11 minutes de Belleville à Saint-Martin-du-Tertre, près de Pontoise. Une véritable révolution ! Dès 1794, la liaison fut établie entre Paris et Lille pour transmettre des dépêches en 3 heures au lieu de 3 jours. Un moment historique à revivre en arpentant les sommets.

• Respirez le bon air de ce délicat **jardin partagé Leroy-Sème** situé en haut de la rue des Pyrénées. Le portail s'ouvre sur une allée de verdure adossée à un mur et semée de mille variétés de fleurs et de plantes qui surgissent entre les immeubles. Des bénévoles se relaient tout au long de l'année pour entretenir ses sept parcelles qui s'étendent sur quelque 600 m^2, composées de fleurs, de légumes et de plantes aromatiques. Parfois, un botaniste distille quelques conseils de jardinage aux abords du petit cabanon et vous parle de la citerne enterrée, alimentée en eau de pluie par une pompe solaire. Vous pouvez venir y lire, bronzer, vous y reposer et même jardiner (sur inscription).

Parc de Belleville

• Le **parc de Belleville** offre une vue panoramique sur Paris que l'on admire depuis sa terrasse de la rue des Envierges. Son histoire remonte au Moyen Âge, lorsque les communautés religieuses y plantèrent des vignes et y captèrent des sources. L'ancienne "piquette" de Belleville y était alors produite en abondance. Quelques pieds de pinot meunier et de chardonnay, des cépages cultivés sur une parcelle de 250 m^2, rappellent cette vocation passée. Promenez-vous (ça grimpe sec !) dans les allées du parc planté de 1 200 arbres et arbustes et de jolis massifs fleuris. Les belles fontaines qui descendent en cascade sur 100 mètres de long à partir du sommet du parc ont un petit côté "paradis de Tarzan". Quant à l'aire de jeux destinée aux enfants de 6 ans et plus, elle fait figure de géant hybride, sorte de cabane, navire ou dinosaure ancré sur la pente. Poétique en diable !

• **40, rue du Télégraphe,** 20e • M° Télégraphe

• **Jardin partagé Leroy-Sème** • 317, rue des Pyrénées, 20e • M° Pyrénées
Ouvert de 10h à 13h • leroyseme.canalblog.com

• **Parc de Belleville** • 47, rue des Couronnes, 20e • M° Couronnes • paris.fr

Le Hasard Ludique

Un dimanche sur les vails

• Un dimanche ensoleillé, partez à la découverte de l'aérienne **Promenade plantée**. Sur une longueur de 4,5 kilomètres, cette dernière traverse tout le 12e arrondissement en suivant l'ancienne voie ferrée qui reliait jadis le quartier de la Bastille à La Varenne-Saint-Maur. Admirez la vue ! Jusqu'au jardin de Reuilly, à travers les rosiers, bambous et plantes grimpantes qui bordent cette promenade, on aperçoit les toits, les frontons et les terrasses des immeubles en surplomb du Viaduc des arts. L'ensemble se termine près du bois de Vincennes, sous des viaducs et des allées presque sauvages. À faire dans tous les sens, en toute saison.

• Café-cantine et ferme urbaine, **la REcyclerie** a pris ses quartiers dans l'ancienne gare Ornano de la Petite Ceinture. À l'entrée, on bricole à l'Atelier de René, un atelier de réparations ouvert à tous. Retaper une vieille chaise, peindre un volet ou se construire un meuble sur mesure... Pas facile, lorsque l'on dispose d'un petit espace de vie à Paris. Des outils partagés (scie sauteuse, meuleuse, cloueuse...) sont à votre disposition à condition d'adhérer à l'association des Amis recycleurs. Vous pouvez aussi laisser vos objets en réparation auprès de bricoleurs aguerris.

• Bonne nouvelle ! **Le Hasard Ludique**, l'autre spot le plus cool de la Petite Ceinture du 18e, est ouvert le dimanche. En 2018, la gare de Saint-Ouen a été entièrement réhabilitée en un lieu hybride. Et on ne peut que s'en réjouir avec une programmation si variée, qui propose notamment concerts, DJ sets, projections, sessions danse mais aussi ateliers : yoga, théâtre, calligraphie ou éveil des enfants... Le dimanche, on réserve son buffet-brunch à la Cantine de Léon. Au menu : quiches, saucisses, cake pistache matcha (25 € par personne).

• **Promenade plantée** • Départ derrière l'Opéra Bastille, 12e • M° Bastille
promenade-plantee.org

• **La REcyclerie** • 83, boulevard Ornano, 18e • M° Porte-de-Clignancourt
Tél. 01 42 57 58 49 • larecyclerie.com

• **Le Hasard Ludique** • 128, avenue de Saint-Ouen, 18e
M° Porte-de-Saint-Ouen • Tél. 09 81 98 67 55 • lehasardludique.paris

Piscine de la Butte-aux-Cailles

Un dimanche
dans une piscine pas comme les autres

• La **piscine de la Butte-aux-Cailles** est l'une des deux piscines classées de Paris. Elle dispose de trois bassins de natation dont le plus grand mesure 33 mètres de long. Son origine remonte à la fin du XIXe siècle, lorsque l'on découvrit une nappe d'eau chaude souterraine qui, depuis, alimente les maisons du quartier. La piscine, qui a remplacé un ancien établissement de bains-douches, se déploie sous une imposante voûte en ciment armé soutenue par sept arches en béton. Les murs, carrelés et colorés, lui donnent un joli air rétro. L'hiver, on se baigne dans son bassin extérieur, chauffé "durable", tandis qu'aux beaux jours, on profite du solarium pour faire bronzette après la trempette.

• Dans une rue calme du 19e, la **piscine Pailleron**, également classée, de style Art déco avec des baies vitrées, des verrières et des cabines d'origine, est un *must*. Ici, le solarium extérieur permet de se délasser en été, tandis que pataugeoire, bassin ludique et bain massant ajoutent au plaisir... Côté glisse, une patinoire de 800 m^2 accueille tous les patineurs du dimanche, du 1er septembre au 25 juin.

Piscine Joséphine-Baker

• La **piscine Joséphine-Baker**, flottant sur la Seine, est vite devenue l'un des spots incontournables de Paris. Il faut dire qu'avec son solarium et son toit amovible, elle est particulièrement agréable, surtout en période estivale. On aime également l'espace forme qui propose des cours d'aquabike, d'aquagym ou de palmes à des prix vraiment abordables. La bonne idée ? Venir le dimanche matin, ou en nocturne si l'on recherche davantage de tranquillité.

• **Piscine de la Butte-aux-Cailles** • 5, place Paul-Verlaine, 13e • M° Corvisart
Tél. 01 45 89 60 05 • paris.fr

• **Espace sportif Pailleron** • 32, rue Édouard-Pailleron, 19e • M° Bolivar
Tél. 01 40 40 27 70 • pailleron19.com

• **Piscine Joséphine-Baker** • Port de la Gare, quai François-Mauriac, 13e
M° Quai-de-la-Gare • Tél. 01 56 61 96 50 • piscine-baker.fr

Paris Rando Vélo

Un dimanche à bicyclette

• Chaque troisième dimanche du mois, rendez-vous avec **Paris Rando Vélo** sur la place de l'Hôtel-de-Ville à 10h30. À 11h débute une randonnée gratuite de 2h15 environ, sur vos deux roues, dans Paris intra-muros. En mode débutant ou confirmé, l'allure reste de toute façon modérée. Cette sortie conviviale vous offre l'occasion de pédaler près des grands monuments parisiens ou dans des quartiers insolites, selon l'humeur du guide. Au passage, on admire les façades, les trompe-l'œil et l'on glane des anecdotes historiques ! L'association organise aussi des virées "Paris by night" le vendredi. Gardez toujours un œil sur le programme disponible *online*. Et sachez qu'en cas de mauvais temps, de pic de pollution ou de chaussée glissante, la balade est reportée.

• Au départ du parc de la Villette, rejoignez la **piste cyclable** située le long du **canal de l'Ourcq**. Elle permet de s'échapper de Paris sur du plat et sans voiture autour. Première escale : d'anciens moulins restaurés. La traversée de Pantin débouche sur celle de Bobigny, puis de Bondy, puis sur une série de friches industrielles (avis aux amateurs !). Le parc de la Bergère de Bobigny autorise une halte pique-nique. Après la liaison Aulnay-sous-Bois/Livry-Gargan, à hauteur du parc forestier de Sevran, la voie passe vraiment au vert. Jusqu'à

Piste cyclable le long du canal de l'Ourcq

Claye-Souilly, si vous tenez jusque-là, se succèdent sous-bois et écluses bucoliques. Vous pouvez rentrer à vélo ou en train à Paris, après une belle journée partagée entre copains. Mieux vaut partir à 11h au plus tard pour ne pas vous retrouver paumés dans la campagne en pleine nuit…

- **Paris Rando Vélo** • Chaque 3e dimanche du mois • Rendez-vous place de l'Hôtel-de-Ville à 10h30 • parisrandovelo.fr
- **Piste cyclable le long du canal de l'Ourcq** • De Paris à Claye-Souilly

Quand on partait de bon matin
Quand on partait sur les chemins
À bicyclette
Nous étions quelques bons copains
Y avait Fernand y avait Firmin
Y avait Francis et Sébastien
Et puis Paulette

PIERRE BAROUH

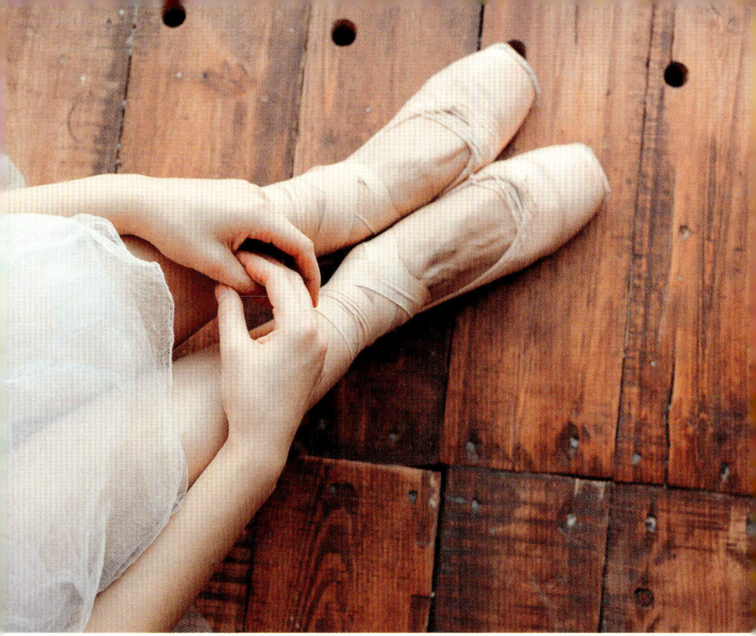

Un dimanche pour danser

• Comme les pros, venez prendre des cours au mythique **Centre de danse du Marais**. Depuis la rue du Temple, une porte cochère et un passage voûté mènent à une jolie cour pavée bordée de trois bâtiments formant un U. Il s'agit de l'ancienne auberge de l'Aigle d'Or qui date du XVIIe siècle ! Danseurs, familles en vadrouille et artistes... tout le monde se croise sur ces pavés dans le joyeux méli-mélo des musiques qui s'échappent des 17 salles du lieu. Les cours à l'unité sont ouverts à tous : il suffit de se rendre sur place après avoir choisi sa leçon de classique, afro jazz, danse africaine, barre au sol, tango argentin, danse baroque, orientale ou flamenco, ou bien son stage. L'ambiance dominicale est plutôt calme et les professeurs très attentifs. Ce qui garantit des progrès rapides !

• Pour jouer les prolongations de l'été toute l'année, filez sur cette île du bois de Vincennes investie par la team du Rosa Bonheur. Ambiance guinguette assurée au Bal du **Rosa Bonheur à l'Est**, le dimanche de 14h à 18h. Dans ce spot d'environ 8 000 m^2, on trouve le fameux chalet de la porte jaune, la « fermette », dédiée aux fêtes familiales, et enfin le belvédère avec ses larges baies vitrées avec vue sur le coucher de soleil. Eh bien dansez, maintenant !

Rosa Bonheur à l'Est

• Connaissez-vous la **Danse afro-urbaine** ? Afrobeatz, Ndombolo, Ragga Hybrid, Dancehall Gyal, Coupé décalé, Afrohouse : ces nouvelles danses, au croisement entre la street, le hip hop et la danse africaine, sont à découvrir lors de workshops destinés aux adultes et aux adolescents à partir de 11 ans. Le dimanche de 14h à 16h, venez vous déhancher avec la compagnie Invictus Crew & Friends pour un après-midi de folie !

• **Centre de danse du Marais** • 41, rue du Temple, 4e • M° Rambuteau
Tél. 01 42 77 58 19 • parisdanse.com

• **Rosa Bonheur à l'Est** • Chalet de la porte Jaune, lac des Minimes, 12e
RER Fontenay-sous-Bois ou Nogent-sur-Marne ou M° Château-de-Vincennes (20 minutes de marche) • rosabonheur.fr

• **Danse Afro-urbaine** • Espace Sportif Micheline Ostermeyer • 6, esplanade Nathalie-Sarraute, 18e • M° La Chapelle ou Marx-Dormoy • Tel. 06 10 65 26 15
danseafrourbaine.com

Un dimanche
pour se sentir bien dans son corps

• De l'incontournable Vinyasa au Hatha yoga, en passant par le yoga Yin Yang et même le yoga des hormones, le centre **Yoga Vision** propose un éventail très complet de cours revitalisants. C'est parce que Éric et Ricarda, bouddhistes confirmés, estiment que l'éveil se cultive en travaillant. Et, cela même le dimanche ! Le week-end, des ateliers y sont en effet organisés pour approfondir certaines thématiques comme la gestion du stress, la confiance en soi. Sympas, les petites sessions autour de l'ayurveda qui ont lieu dans la cuisine !

• Comme à Bangkok ou sur une plage des îles Phi Phi, offrez-vous un voyage immobile en Thaïlande, en goûtant à un massage puissant chez **Ban Thaï Spa**, dans un décor raffiné. De nombreux rituels sont proposés dans les différents salons de la maison. Parmi eux : le "Thaï Orchid", qui combine une séance de réflexologie de 30 minutes et un authentique massage thaï d'une heure, ou bien le "Ban Thaï" qui ajoute à l'expérience précédente une session hammam. D'autres soins – gommages, massages aux huiles chaudes ou aux plantes – y sont prodigués par des mains expertes.

• Et si on alignait son corps et son âme ? Les quatre adresses du **Tigre Yoga Club** ont le bien-être en commun et une ambiance feutrée, des couleurs chaudes. La fondatrice du Tigre, Élodie Garamond, passionnée de yoga et d'ayurvéda, a d'ailleurs imaginé ces différents lieux à l'image d'une maison de famille. On peut à la fois y suivre toutes sortes de cours de yoga et de pilates, se faire masser, profiter d'une parenthèse dans un hammam ou encore grignoter bio et vegan. Des repaires cosy pour refermer tout doucement la parenthèse d'un dimanche à cocooner.

• **Yoga Vision** • 66, rue de la Fontaine-au-Roi, 11e • M° Goncourt ou Couronnes
Tél. 06 66 55 98 38 • yoga-vision.org

• **Ban Thaï Spa** • 5, rue Mandar, 2e • M° Sentier • 20, rue Dauphine, 6e
Autres adresses sur le site : paris-massage.fr

• **Tigre Yoga Club** • 19, rue de Chaillot, 16e • M° Iéna ou Boissière
Autres adresse sur le site tigre-yoga.com

Pavillon de thé du jardin de l'hôtel d'Heidelbach

Un dimanche pour méditer

• Commencez la journée par quelques offrandes en visitant, dans le Little India parisien, le **temple de Ganesh**, le lieu de culte hindouiste le plus connu de la capitale. L'intérieur, richement décoré par des artisans venus d'Inde, mérite le déplacement, à condition de pouvoir se faire expliquer la signification de chaque élément – ainsi, le Kodimaram, le grand pilier doré devant l'autel, fait la liaison entre la terre et le ciel. Chaque année, fin août-début septembre, le temple est le point de passage obligé du grand défilé du dieu Ganesh, une manifestation pleine de couleurs et de musique qui attire des centaines de fidèles.

• Si vous voulez partir loin, très loin pour le prix d'un ticket de métro, aventurez-vous dans l'annexe du magnifique musée Guimet qui abrite le **Pavillon de thé du jardin de l'hôtel d'Heidelbach**. Pour rejoindre ce refuge intime, le visiteur est invité à suivre un chemin semé de marches en pierre, d'une lanterne et d'une vasque, comme un préambule aux rituels de la cérémonie du thé, pilier de l'art de vivre à la japonaise. Des séances d'initiation sont régulièrement organisées dans le pavillon. Le jardin japonais permet de goûter quelques instants de sérénité, durant lesquels on peut s'asseoir et méditer, bercé par le ruissellement de l'eau, au milieu d'une verdure dépaysante.

Centre Sivananda de Yoga Vedanta

• Fondé en 1977 par Swami Vishnudevananda, grand maître indien, le **centre Sivananda** est dédié à l'enseignement du yoga sous tous ses aspects – postures (*asanas*), respiration (*pranayama*), méditation... On y apprend même la cuisine ayurvédique. Les cours, de différents niveaux, ont lieu dans l'une des deux salles immaculées, à raison d'environ six par jour (sauf le dimanche, mais il y a des ateliers ce jour-là). Pas de fantaisie importée des États-Unis, on respecte la tradition et le rythme d'un cours traditionnel. Des séances de méditation et de chant en groupe (*satsangs*) sont également proposées. Parfait pour reprendre son souffle...

• **Temple Sri Manika Vinayakar Alayam** • 17, rue Pajol, 18e • M° La Chapelle Tél. 01 40 34 21 89 • Entrée libre • templeganesh.fr

• **Pavillon de thé du jardin de l'hôtel d'Heidelbach** – Musée national des Arts asiatiques Guimet • 19, avenue d'Iéna, 16e • M° Iéna • Tél. 01 40 73 88 00 guimet.fr

• **Centre Sivananda de Yoga Vedanta** • 140, rue du Faubourg-Saint-Martin, 10e M° Gare-de-l'Est • Tél. 01 40 26 77 49 • sivananda.org/paris

Un dimanche
pour découvrir Paris autrement

• Laissez-vous entraîner dans les rues en suivant l'une des nombreuses visites guidées thématiques organisées par les experts de **Paris Zigzag** ! Parmi les *must* : la visite guidée "Paris des impressionnistes", où vous explorerez le quartier cher à Renoir, Caillebotte ou Manet, de la gare Saint-Lazare à l'Opéra Garnier. Adeptes du frisson ? Participez plutôt à l'excursion "Paris du crime" : 1h45 pour revivre l'assassinat d'Henri IV, écouter des récits d'exécutions au pilori des Halles ou d'emprisonnements cauchemardesques à la prison du Grand Châtelet – autant de faits obscurs ou sordides qui ont marqué la mémoire de la ville.

• Derrière le périph, l'aventure ! Grâce à la formidable association **Promenades Urbaines**, vous serez accompagné par des urbanistes, des paysagistes et des architectes dans des traversées d'une demi-journée par-delà les frontières de la ville et dans des quartiers en devenir, comme la ZAC Rive Gauche... Mêlant histoire, urbanisme et évolution sociologique, des guides chevronnés apportent un éclairage passionnant sur les itinéraires. Oubliez

Les Promenades Urbaines

vos idées reçues, et partez à la découverte de ces nouveaux territoires, qui dessinent le Paris de demain.

• Explorez Paris en vous amusant. Les guides de **My Urban Experience** vous emmènent redécouvrir la capitale comme les héros de vos dessins animés ou à travers des œuvres de street art. Côté escape games, quel choix ! Avec des thèmes sur les mystères de Montmartre ou sur les secrets des passages couverts.

- **Paris Zigzag** • pariszigzag.fr
- **Les Promenades Urbaines** • promenades-urbaines.com
- **My Urban Experience** • myurbanexperience.com

Tous les jours de la semaine se ressemblent.
Sauf le dimanche : le rythme est plus lent,
on récure les corps et les esprits.

JACQUES RENAUD, *EN D'AUTRES PAYSAGES*

Cité florale

Un dimanche dans les cités fleuries

• Minuscule havre de maisons fleuries à deux pas des tours du quartier chinois, la bien nommée **Cité florale** offre un ravissant spectacle de ruelles aux noms enchanteurs tels que Glycines, Volubilis, Orchidées ou Liserons. Construit à la fin des années 1920 sur un étang comblé au XIXe siècle, cet ensemble s'ordonne autour d'une petite place qui dessert de jolies villas entourées de jardins.

• En bordure du parc Montsouris, la rue Nansouty et l'avenue Reille forment un angle près duquel se cachent les villas huppées du **square de Montsouris** au parterre pavé. Au n° 6 de la rue Georges Braque se dresse la maison-atelier en brique et en béton imaginée par l'architecte Auguste Perret, dans laquelle résida le peintre éponyme. Rue du Parc-de-Montsouris, la villa du n° 9 arbore une belle façade colorée juste en face d'un "petit palais" au n° 8. Le quartier, ancien repaire d'artistes renommés, fait aujourd'hui partie des paradis urbains les plus prisés de la capitale.

• Il fait bon flâner dans le quartier de **la Mouzaïa**, discrètement planqué entre les Buttes-Chaumont et le parc de la Butte-du-Chapeau-Rouge. Ce petit bout

Square de Montsouris

de ville, boudé des circuits touristiques classiques, réunit tout de même 250 maisons de brique, colorées et fleuries ! Il faut parfois se hisser sur la pointe des pieds pour apercevoir en douce leur délicat jardinet. Comprenant un ou deux étages au maximum, ces constructions légères furent bâties sur d'anciennes carrières de gypse exploitées depuis le Moyen Âge. On les découvre, avec plaisir, au fil des villas Amalia, des Lilas, des Boers… ornées de réverbères romantiques.

• **Cité florale** • 36-38 et 50-54, rue Brillat-Savarin, 13e • RER Cité-Universitaire

• **Square de Montsouris** • Accès par la rue Nansouty et l'avenue Reille, 14e
M° Denfert-Rochereau ou RER Cité-Universitaire

• **La Mouzaïa** • Autour des rues de Mouzaïa et Miguel-Hidalgo, 19e • M° Danube

Tous les jours de la semaine se ressemblent. Sauf le dimanche : le rythme est plus lent, on récure les corps et les esprits.

JACQUES RENAUD, *EN D'AUTRES PAYSAGES*

Cité internationale universitaire de Paris

Un dimanche autour du monde

• Pour un grand voyage autour du monde… La **Cité internationale universitaire de Paris**, véritable ville dans la ville, abrite 37 maisons commanditées par autant de pays et quelque 12 000 étudiants, chercheurs et artistes de 130 nationalités. Prenez le temps d'observer l'architecture des maisons du Japon, de la Tunisie, du Cambodge, du Liban, de la Norvège… Toutes sont différentes, souvent dans le style du pays. Parmi les plus intéressantes : la maison du Brésil, signée par Le Corbusier et le Brésilien Lucio Costa, ou la maison de la Grande-Bretagne, digne de Poudlard… et d'Oxford. Visite guidée deux dimanches par mois à 14h30.

• Les 34 hectares du **parc de la CIUP** en font le troisième plus grand espace vert de Paris. Promenez-vous entre les bâtiments et observez les broderies de buis de la cour d'honneur, la grande pelouse et son boulingrin, les structures anglaises, sortes de massifs boisés au tracé plus souple. Une quarantaine d'espèces d'oiseaux ont choisi cet espace vert pour refuge, comme le moineau friquet, l'hypolaïs polyglotte et la grive draine. Les arbres

Parc de la CIUP

qui composent le parc sont remarquables, à l'instar de cet érable à écorce cannelle, et l'ambiance estudiantine contribue au charme de l'endroit. Ne manquez pas la visite guidée "Un parc écologique" à travers les jardins à la gestion responsable.

• **Cité internationale universitaire de Paris** • 17, boulevard Jourdan, 14e RER Cité-Universitaire • Tél. 01 40 78 50 06 • ciup.fr

• **Parc de la CIUP** • Ouvert de 9h du matin à la tombée de la nuit au public • ciup.fr/le-parc

*Les gens s'étonnent toujours
que vous ne quittiez pas Paris l'été,
sans comprendre que c'est précisément
parce qu'ils le quittent que vous y restez.*
HENRY DE MONTHERLANT

Grande Mosquée de Paris

Un dimanche au Moyen-Orient

• La **Grande Mosquée de Paris**, bâtie dans les années 1920, ouvre sa cour paisible et quelques-unes de ses salles aux visiteurs aspirant au calme. Après avoir franchi la grande porte en chêne clair, on bénéficie d'une jolie vue sur la cour d'honneur dallée de marbre, au centre de laquelle une vasque laisse filtrer un jet d'eau au son cristallin. Alentour, de petites fontaines ponctuent les massifs de fleurs et de plantes exotiques. À droite, une porte à l'encadrement sculpté vaut le coup d'œil pour son bel auvent en bois de cèdre réalisé par des artisans marocains. Elle donne sur le grand patio à colonnades, au fond duquel se cache la salle de prières de style hispano-mauresque. Laissez-vous porter par l'atmosphère paisible du lieu et observez les fines mosaïques qui s'étalent en frises sur les murs du patio. Un régal pour les yeux !

• Planqués sur la place de la Bataille-de-Stalingrad, **Les Bains d'Orient** ouvrent leurs portes sur un éden de 500 m². Les rituels orientaux y ont, dans la plus pure tradition, la vedette. Les soins du visage, à base de masques au miel et de crème de sésame, l'épilation orientale ou l'enveloppement au rassoul vous transporteront dans une autre galaxie. Un petit tour au hammam,

un thé à la menthe bien chaud et une sieste dans la salle de détente aux lumières tamisées… vous apaisent et vous régénèrent..

• Comme de petits bijoux, des gourmandises surmontées d'éclats d'amandes, de pistaches et de noisettes vous font de l'œil dans la vitrine de la pâtisserie orientale **La Rose de Tunis**, la "meilleure de la planète" d'après ses clients. À l'unité ou en assortiment, on y déniche des douceurs aux influences méditerranéennes (Tunisie, Algérie, Maroc, Liban…) à se damner. Outre le baklava amande ni trop sucré, ni trop gras, craquez pour le *twajen* pistache, le *laklouka* aux graines de sésame ou succombez au *dziriette* aux amandes, du plus bel effet !

• **Grande Mosquée de Paris** • 2 bis, place du Puits-de-l'Ermite, 5e
M° Place-Monge • Tél. 01 45 35 97 33 • mosqueedeparis.net

• **Les Bains d'Orient** • 7 place de la Bataille-de-Stalingrad, 10e • M° Stalingrad
Tél. 01 40 05 03 90 • lesbainsdorient.com

• **La Rose de Tunis** • 7, boulevard Ornano, 18e • M° Marcadet-Poissonniers
Tél. 01 46 06 15 25 • Autres adresses sur le site : larosedetunis.com

Autel du culte de Bouddha

Un dimanche dans le quartier chinois

• Juste en face du supermarché Big Store s'ouvrent les portes de l'**Autel du culte de Bouddha**, planqué et souterrain, à l'entrée d'un parking. Plusieurs autels garnis d'offrandes sont répartis aux quatre coins de la salle baignée d'encens. Ce lieu extraordinaire est libre d'accès, alors n'hésitez pas à faire vous-même une offrande et à dédier une prière à Bouddha : il saura vous entendre !

• Empruntez l'escalator qui conduit à l'esplanade des Olympiades. Là, à gauche, se dresse le temple, également **temple de l'Amicale des Teochew** en France. Cette association, fondée en 1986, accueille une communauté du sud de la province de Guangdong. Dans l'édifice de 200 m^2, 18 *luohan* grandeur nature veillent de chaque côté de la salle. Immortels gardiens et protecteurs de la loi, ils assurent le salut des humains. On y célèbre des cérémonies, ouvertes à tous, le dimanche à 10h.

• Attention, vous êtes ici chez le Pierre Hermé du Chinatown parisien, la **Pâtisserie de Choisy**. Cette échoppe sans chichis recèle nombre de trésors toujours faits maison : tartes hongkongaises au caramel, boules de coco

Pâtisserie de Choisy

gluantes et confites à souhait, crèmes aux haricots rouges… La pâtisserie propose aussi quelques délices salés à goûter une fois dans sa vie : les chaussons à la viande et aux légumes épicés sont succulents et les brioches vapeur fourrées à la crème de lotus, inoubliables !

- **Autel du culte de Bouddha** • 37, rue du Disque, 13e • M° Porte-d'Ivry
Pas de tél.
- **Temple de l'Amicale des Teochew** • 44, avenue d'Ivry, 13e • M° Porte-d'Ivry
Pas de tél.
- **Pâtisserie de Choisy** • 62, avenue de Choisy, 13e • M° Porte-de-Choisy
Tél. 01 45 82 80 70

Des millions d'êtres humains
rêvent d'une vie éternelle
et s'il pleut le dimanche après-midi,
ils ne savent pas quoi faire.
SUZAN ERTZ

Un dimanche comme à Tokyo

• Dans le Little Tokyo parisien, autour de la rue Sainte-Anne, entre les métros Palais-Royal et Pyramides, bars à *ramen* (soupes de nouilles), restos de vrais sushis et épiceries proposant des produits importés du Japon se succèdent. Pour faire vos courses, la meilleure adresse du quartier le dimanche est l'épicerie **Kioko** et ses marques de pâtes, de riz, de sauces et autres délices.

• La paisible rue de l'Odéon abrite le **Nid du Phénix**, l'un des seuls salons de thé et de massages de la capitale. Ici cohabitent, dans la plus parfaite harmonie, masseuses diplômées et breuvages recherchés. La maison a fait du massage lymphatique sa spécialité. Pendant 30 à 60 minutes, laissez vos tensions fondre sous la douce pression des pouces appliqués sur votre corps. Petit à petit, les muscles se détendent et vous voilà parti vers un ailleurs très lointain... À la carte, vous pourrez aussi choisir des massages thaïs, chinois, ou de grands crus de thé.

• Le dépaysement est total lorsqu'on entre chez **Kodawari Ramen** ! L'incroyable reconstitution d'une échoppe japonaise (de la tôle du toit aux câbles électriques apparents) contribue à vous faire partir loin, très loin... Il vous faudra bien arriver à midi ou à 19h30 (la maison n'accepte pas les

Kodawari Ramen

réservations) pour vous attabler autour d'une soupe brûlante, à base de bouillon de poule, enrichi de légumes ou d'une viande de porc de haute qualité. Petits prix, décor à tomber, authenticité : une expérience inoubliable.

• Une envie de *mochi* un dimanche après-midi ? Pas banal. Mais, on reconnaît que cette pâtisserie japonaise, qui se déguste pendant la cérémonie du thé, est irrésistible. Sous forme de boule, son enveloppe de riz gluant contient un cœur de pâte de haricot sucrée et aromatisée. Matcha, sésame noir, bergamote… Les parfums proposés à la **Maison du Mochi** toute en élégance et sobriété sont une incitation à la gourmandise. Un péché 100 % végétal et sans matière grasse contre lequel rien ne sert de lutter.

• **Kioko** • 46, rue des Petits-Champs, 2e • M° Pyramides • Tél. 01 42 61 33 65
kioko.fr

• **Le Nid du Phénix** • 5 rue de l'Odéon, 6e • M° Odéon • Tél. 01 42 02 81 39
lenidduphenix.fr

• **Kodawari Ramen** • 29, rue Mazarine, 6e • M° Mabillon • 09 70 91 12 41
kodawari-ramen.com

• **La Maison du Mochi** • 39, rue du Cherche-Midi, 6e • M° Sèvres-Babylone
maisondumochi.fr

Musée Zadkine

Un dimanche à la russe

• Dans l'**atelier-musée Zadkine**, dérobé aux regards, on découvre l'œuvre singulière de ce sculpteur russe, peut-être le plus Parisien des Montparnos avec Modigliani et Soutine. Influencé par les arts premiers, passionné par le cubisme, goûtant l'antique, Ossip Zadkine a souvent travaillé en taille directe, laissant une œuvre en prise avec la nature. Le jardin, parsemé de sculptures, offre une délicieuse balade dans l'univers de cet artiste inclassable.

• La magnifique **cathédrale Saint-Alexandre-Nevsky**, achevée en 1861, moins kitsch que sa jeune sœur du quai Branly, est une véritable enclave russe au beau milieu de la plaine Monceau. L'édifice, en forme de croix grecque traditionnelle, porte le nom de l'un des saints les plus populaires de Russie. Il est pourvu d'un bulbe doré et de cinq tourelles se terminant par des flèches, la flèche centrale représentant bien sûr le Christ, chef de l'Église. À l'intérieur de la cathédrale, la piété est sensible. Sous la coupole centrale haute de 48 mètres, l'image du Christ bénissant les fidèles sur fond d'or impressionnera même les incrédules.

Église Saint-Serge-de-Radonège

• Une allée, bordée de vieux murs sur lesquels s'accroche une vigne vénérable, conduit à une petite maison colorée, décorée d'une belle fresque. Tournez à droite et longez un bâtiment d'habitation, puis une vétuste construction en bois dans laquelle se trouve toujours un atelier de fabrication de cierges. Un peu plus haut surgit une étonnante bâtisse de bois et de brique, avec ses deux clochers à bulbe : vous êtes au pied de l'**église orthodoxe Saint-Serge-de-Radonège**. L'intérieur, tant du point de vue de l'architecture que de celui de l'ornementation, est très fouillé. Les belles icônes de l'iconostase entraînent bien loin de Paris. Après avoir passé quelques instants dans ce lieu secret, on peut aller s'asseoir sur l'un des bancs sous le porche de bois et dévorer des romans russes....

• **Musée Zadkine** • 100 bis, rue d'Assas, 6e • M° Notre-Dame-des-Champs
Tél. 01 55 42 77 20 • Entrée libre dans les collections permanentes (sauf pendant les expositions temporaires) • zadkine.paris.fr

• **Cathédrale Saint-Alexandre-Nevsky** • 12, rue Daru, 8e • M° Ternes
Tél. 01 42 27 37 34 • cathedrale-orthodoxe.com

• **Église Saint-Serge-de-Radonège** • 93, rue de Crimée, 19e • M° Laumière
Tél. 01 42 01 96 10 • Liturgie à 10h, ouvert à la visite de 15h à 17h
paroissestserge.free.fr

Un dimanche sous les tropiques

• À mi-chemin entre l'épicerie et le bazar, l'échoppe de quartier **Asie Antilles Afrique** se trouve au croisement des cultures. On s'y approvisionne en épices à la pelle, en riz de toutes sortes dans des sachets en toile et en produits plus spécifiques des Caraïbes, comme les huiles de noix de coco ou la confiture de banane. Harengs et morue salée sèchent à l'air libre tandis que des queues de porc macèrent dans leur jus. Âmes sensibles s'abstenir ! Belle sélection de grigris...

• Un brunch à **La Créole** remplace tous les bains de soleil quand l'hiver se fait trop pénible à Paris. Ce restaurant historique (il a été créé en 1956) voit toujours défiler les éminents représentants de la communauté antillaise de la capitale, ravis de retrouver en semaine – mais aussi le dimanche – les saveurs singulières, les épices et les sauces raffinées qui font tout l'attrait de cette cuisine. Rêvez un peu de lointain et régalez-vous, posté près d'une serre intérieure ou sur la terrasse, de rougail boucané, d'un colombo de cabri ou d'un gratin de christophine. Quant à l'assiette de poulet pané, roulé de saucisse, pois d'Angole et son Tourment d'Amour (pâte brisée, génoise et confiture de coco) en dessert, elle vaut tous les voyages...

• Mettez du *caliente* dans votre *vida* grâce à l'**École des danses latines tropicales**, la référence du style latino à Paris. C'est Isis Figaro, danseuse et chorégraphe internationale, qui a fondé ce lieu très apprécié des amateurs et des pros. Des cours et des stages de danses de couple (salsa, bachata, tango) ou de danses solo (danses africaines, reggaeton...) ont lieu tous les jours avec 20 professeurs à votre disposition. Le dimanche, vous pourrez tester les stages de salsa cubaine (qui se danse en ronde) ou de salsa portoricaine (en ligne) pour vous défouler, faire le plein de chaleur humaine et chasser le blues.

• **Asie Antilles Afrique** • 88 bis, rue du Faubourg-du-Temple, 11e • M° Goncourt
Tél. 01 43 57 24 63 • Ouvert de 9h30 à 19h30 • asieantillesafrique.fr

• **La Créole** • 122, boulevard du Montparnasse, 14e • M° Vavin
Tél. 01 85 15 21 60 • Ouvert de midi à 23h • la-creole.fr

• **École des danses latines tropicales** • 40, rue de Cîteaux, 12e
M° Faidherbe-Chaligny • Tél. 01 43 72 26 26 • salsadanse.com

Les Frigos

Un dimanche dans un quartier en devenir

• Le **site François-Mitterrand de la Bibliothèque nationale de France** est un bâtiment qui unit audace architecturale et prouesse technique. Conçue par Dominique Perrault en 1989, elle est organisée autour d'un socle et de quatre tours d'angle, hautes de 79 mètres. L'accès à l'esplanade se fait par de grands emmarchements face à la Seine. Deux niveaux de salles de lecture enserrent un jardin de plus de 1 hectare situé en contrebas. Les magasins de livres (395 kilomètres de linéaires) se trouvent en partie dans le socle, à proximité immédiate de ces salles. Le dimanche, on les découvre lors des visites guidées portant sur l'histoire de la bibliothèque et son architecture. Mention spéciale aux globes de Louis XVI, une collection extraordinaire et méconnue.

• En descendant la rue Neuve-Tolbiac en direction de la Seine, on peut apercevoir les **Frigos**, immense bâtiment néo-industriel qui accueille aujourd'hui près de 200 artistes répartis entre divers ateliers. À l'origine, le lieu abritait des chambres froides servant à stocker les denrées alimentaires transportées par la SNCF. Il est désormais un pôle artistique hyper-productif, aux murs tagués et graffés en tout genre. Le public n'y a néanmoins accès que de

Petit Bain

temps en temps, lors de concerts ponctuels ou d'expositions. À cette occasion, vous pourrez même grignoter sur place à la cafe, ou déjeuner au resto plus chic qui régale des gourmets *arty*.

• Sur trois niveaux, la barge flottante de **Petit Bain** comporte une salle de concerts, un restaurant et une terrasse “d'expérimentation autour du végétal”. Au programme : présentation de jeunes artistes émergents, ateliers de cuisine parents-enfants, projection de documentaires, expositions... Pour couronner le tout, l'établissement joue la carte du social : son équipe est composée en grande partie de personnes en réinsertion. Un lieu atypique avec, cela va sans dire, une vue imprenable sur la Seine...

• **Bibliothèque nationale de France** • Site François-Mitterrand, Quai François-Mauriac, 13e • M° Quai-de-la-Gare ou Bibliothèque-François-Mitterrand • Tél. 01 53 79 59 59 • bnf.fr • Visite guidée des bâtiments et du belvédère au 18e étage à 15h • Inscription au 01 53 79 49 49 Rendez-vous dans le hall Est devant la maquette

• **Les Frigos** • 19, rue des Frigos, 13e • M° Bibliothèque-François-Mitterrand les-frigos.com

• **Petit Bain** • 7, port de la Gare, 13e • M° Quai-de-la-Gare • Tél. 01 80 48 49 81 petitbain.org

Rue de la Butte-aux-Cailles

Un dimanche sur la Butte-aux-Cailles

• Ce quartier à la personnalité singulière tient son nom de Pierre Caille, qui y acheta, en 1543, un coteau de vignes dominant la Bièvre. Repaire de moulins jusqu'en 1860, la butte est ensuite creusée de carrières de pierre et de glaise. Entre la révolution de 1848 et la Grande Guerre, elle est colonisée par des chiffonniers et ouvriers du cuir qui se servent de l'eau de la Bièvre pour leur artisanat. Peu à peu, ce village sans église se couvre de fermes, d'ateliers et de commerces. Aujourd'hui, on y est encore un peu à la campagne. Perdez-vous dans la **ses rues** et admirez, sur les murs, les créations de la célèbre plasticienne, figure du street art et du 13e arrondissement : Miss.Tic. Ses pin-up s'exposent librement sur les coins des façades de la butte, toujours accompagnées de maximes poétiques ou d'épigrammes. Liberté chérie !

• Dans le prolongement de la rue de la Butte-aux-Cailles, rue Daviel, un portail bleu s'ouvre sur une cour rectangulaire : la villa Daviel. Une trentaine de maisons mitoyennes à colombages, anciens logements sociaux des années 1900, créent une belle symphonie colorée. C'est l'architecte Jean Walter qui a conçu cet ensemble de pavillons en brique aux toits pointus surnommé la **"Petite Alsace"**.

Villa Daviel

• Ensuite, retournez vers la **piscine de la Butte-aux-Cailles**. Empruntez la rue du Moulin-des-Prés qui traverse la rue de Tolbiac. Au n° 68, sur votre droite, une belle allée pavée, bordée de maisons noyées sous le lierre et la glycine, forme une boucle.

• Rayonnez dans le quartier jusqu'à la rue Henri-Pape. À gauche, prenez la rue Dieulafoy, petite voie pavillonnaire du **quartier de la Maison-Blanche**. Les bâtisses, coquettes et quasi identiques, affichent des couleurs pastel. Celle du n° 8, bleu azur, évoque une villa de bord de mer. Au bout de la rue, à droite, on débouche sur la place Jean-Delay qui mène à celle de l'Abbé-Georges-Hénocque, centre névralgique de ce micro-quartier plein de charme.

• **Rues de la Butte-aux-Cailles**, 13e • M° Corvisart

• **De la Petite Alsace au quartier de la Maison-Blanche**
Départ 10, rue Daviel, 13e • M° Corvisart

• **Piscine de la Butte-aux-Cailles** • 5, place Paul-Verlaine, 13e
M° Corvisart • Tél. 01 45 89 60 05 • paris.fr

Villa Mulhouse

Un dimanche planqué dans le 16e

• Parmi ses hôtes, le beau **cimetière d'Auteuil** compte un très grand nombre de personnalités célèbres. Le compositeur Gounod, le dessinateur Paul Gavarni et l'acteur Serge Chatsky reposent ici. Sculptures, médaillons en bronze, Christ gisant... Les sépultures ne manquent pas de fioritures pour illustrer la vie et l'œuvre des bourgeois enterrés ici. Un lieu hors du temps et peu fréquenté, où l'on se ressource en méditant sur le sens de la vie.

• De tous les coins de campagne du 16e, l'un des plus émouvants est la **villa Mulhouse**. Formée des villas Dietz-Monnin, Émile-Meyer, Cheysson et de l'avenue Georges-Risler, la villa Mulhouse jouxte le cimetière d'Auteuil. Émile Cacheux, auteur d'un ouvrage vantant les mérites des habitations ouvrières "où la propreté côtoie la moralité", fonda en 1882 la Société anonyme des habitations ouvrières de Passy-Auteuil. Cette dernière prit en charge la construction de la petite cité et de ses 77 maisons, pratiques et peu chères, qui permirent de loger plusieurs générations d'ouvriers dans un minimum d'espace. Beaucoup ont été surélevées et chacune jouit aujourd'hui d'un petit jardin. Il faut désormais un peu d'imagination pour retrouver mentalement le caractère industrieux de ce quartier...

Musée Marmottan-Monet

• Un peu perdu aux lisières du 16e, le musée Marmottan-Monet se mérite. Quel bonheur pourtant d'errer au hasard de ses collections ! Paul Marmottan, héritier des mines de Bruay, dans le Nord, et propriétaire de cet ancien pavillon de chasse, en fit don en 1932 à l'Académie des beaux-arts avec tout son contenu, une superbe collection d'objets et de mobilier Empire. Grâce à d'autres legs, le musée devint un haut lieu de l'impressionnisme avec, notamment, le mythique tableau de Monet, *Impression, soleil levant*, qui donna, non sans ironie de la part de ses détracteurs, son nom au mouvement pictural. On y admire un ensemble exceptionnel d'œuvres impressionnistes, en particulier les peintures de Berthe Morisot, ainsi que la plus grande collection française de chefs-d'œuvre de Monet.

• **Cimetière d'Auteuil** • 57, rue Claude-Lorrain, 16e • M° Exelmans • paris.fr

• **Villa Mulhouse** • Entre l'avenue de la Frillière et les rues Parent-de-Rosan, Boileau et Claude-Lorrain, 16e • M° Exelmans

• **Musée Marmottan-Monet** • 2, rue Louis-Boilly, 16e • M° La Muette
Tél. 01 44 96 50 33 • marmottan.fr

Parc des Buttes-Chaumont

Un dimanche aux Buttes-Chaumont

• Inauguré en 1867 à l'occasion de l'Exposition universelle, le **parc des Buttes-Chaumont** occupe, sur 25 hectares, l'emplacement d'une ancienne carrière de gypse. Très vallonné et aménagé de passerelles, d'un pont suspendu, d'une "folie" et planté d'arbres séculaires, il offre une vue saisissante sur Paris. Sur le flanc sud du lac, une grotte impressionnante (15 mètres de large et 20 mètres de haut, décorée de stalactites) et sa cascade stimulent l'imagination des romantiques et des rêveurs.

• Coincée entre les avenues Simon-Bolivar et Mathurin-Moreau, la **butte Bergeyre** est une sorte de village endormi à 100 mètres d'altitude sur les toits de Paris. On accède à cet endroit secret, situé au pied du parc, en suivant les lacets de la rue Georges-Lardennois ou en gravissant les volées de marches de la rue Barrelet-de-Ricou. Au carrefour des rues Georges-Lardennois et Rémy-de-Gourmont, contemplez la vue sur le Sacré-Cœur et les toits de Paris. En contrebas, une parcelle de vigne fait de la résistance, témoignant discrètement du passé viticole de Paris.

• Agréable escale que cette guinguette aux allures de buvette champêtre, classée monument historique. **Rosa Bonheur**, ancien Pavillon du chemin de fer, est devenu, en quelques années, le spot incontournable pour tout Parisien qui se respecte. Habituée de la cour de Napoléon III, Rosa Bonheur fut la première femme artiste à être décorée de la Légion d'honneur. L'établissement, orné de fresques, de luminaires et de lustres vénitiens, offre une double terrasse où l'on se régale d'un plateau du terroir, d'une soupe de campagne ou d'une tasse de chocolat chaud maison. Bar musical, il est célèbre pour ses soirées où les bobos se mêlent aux gens du quartier. Attention, on entre par la grille du haut, et mieux vaut arriver tôt, le soir, si l'on veut trouver une place.

• **Parc des Buttes-Chaumont** • Entrée face à la mairie, place Armand-Carrel, 19e • M° Laumière • paris.fr

• **Butte Bergeyre** • Accès par la rue Barrelet-de-Ricou, 19e • M° Bolivar

• **Rosa Bonheur** • Parc des Buttes-Chaumont • 2, allée de la Cascade, 19e M° Botzaris • Tél. 01 42 00 00 45 • rosabonheur.fr

Parc de Bagatelle

Un dimanche (presque) à la campagne

• À l'entrée du bois de Boulogne, les **serres d'Auteuil** se déploient sur la surface de 6 hectares d'un jardin imaginé par Louis XV. Ces structures de fer et de verre furent, quant à elles, édifiées au XIXe siècle, à l'époque où les jardins d'hiver étaient en vogue. Tout au long de cette balade botanique de choix, divisée entre trois espaces – méditerranéen, japonais et à l'anglaise –, sont plantés plus de 260 arbres et arbustes du monde entier. L'immense serre du Palmarium, avec sa coupole haute de 15,75 mètres, surplombe l'ensemble. Elle réunit de nombreuses variétés de palmiers autour d'un bassin central. Des serres latérales sont réparties autour de la pelouse où il fait bon flâner un dimanche à l'ombre d'un ginkgo biloba.

• **Bagatelle**, l'un des jardins les plus romantiques de Paris, est né d'un pari ! En 1777, le comte d'Artois accepte de relever le défi lancé par sa belle-sœur Marie-Antoinette : construire dans les plus brefs délais un château dans ce qui n'était encore à l'époque qu'un coin de campagne. Toujours debout, le château est posé dans l'écrin sublime que forment ses jardins. On y admire 10 000 rosiers issus de 1 200 variétés, ainsi que d'autres belles collections de plantes, mais aussi des jardins à la française, à l'anglaise, d'inspiration

japonaise, un petit kiosque, un belvédère et une pagode chinoise. Le tout sert de terrain de jeu aux innombrables paons se pavanant sur les pelouses… et aux enfants !

• Prescription du week-end : chill out et cocooning. L'ouest parisien s'est doté d'un lieu de villégiature qui sonne comme une promesse de grandes vacances. À Issy-les-Moulineaux, le restaurant **L'Île** vous accueille à coup de déjeuners sur l'herbe, de siestes au soleil, d'apéros en terrasse et de cocktails au coin du feu. C'est la campagne à Paris avec ses terrines maison, ses entrecôtes grillées et ses encornets farcis, un lieu où les grandes tablées entre copains sont la règle toute l'année.

• **Jardin des serres d'Auteuil** • 1, avenue Gordon-Bennett, 16e
M° Porte-d'Auteuil • paris.fr

• **Parc de Bagatelle** • Allée de Longchamp, 16e • M° Pont-de-Neuilly ou bus 43 (plus près) • paris.fr

• **L'Île** • 170, quai de Stalingrad • 92130 Issy-les-Moulineaux
RER Issy-Val-de-Seine • Tél. 01 41 09 99 99 • restaurant-lile.com

Île de la Jatte

Un dimanche d'une île à l'autre

• Incroyablement dépaysant, ce **parc de l'île Saint-Germain** ! Grand et verdoyant, il offre sur plus de 20 hectares des promenades riches en surprises. Difficile de ne pas succomber au charme des Jardins imprévus, 5 hectares de nature laissée en toute liberté, une exubérance qui fleure bon la campagne, avec ses mares et la faune assortie – grenouilles, tritons et autres canards colvert. Le curieux a aussi le choix de s'égarer dans les Jardins clos, plus structurés, dans le Jardin des messicoles, avec ses fleurs des champs, dans le Jardin des lavandes, le Jardin des découvertes, pour les plus jeunes, le Jardin antérieur, potager et fruitier... Mille choses sont encore à découvrir, à commencer par la *Tour aux figures* de Jean Dubuffet, qui, du haut de ses 24 mètres, semble dominer l'île à la manière d'un phare.

• Quelques centaines de mètres séparent la station Pont-de-Neuilly de l'**île de la Jatte**, à laquelle on accède par une passerelle depuis le boulevard du Général-Leclerc. À la fin du XIXe siècle, les guinguettes remplacent bosquets et fabriques ; on s'amuse et on prend l'air à la Grande Jatte dans une ambiance bon enfant que les peintres impressionnistes ne manquent pas d'immortaliser. Monet, Van Gogh, Sisley et surtout Seurat – dont nul

Île des Impressionnistes

n'ignore le *Dimanche après-midi à la Grande Jatte* – y posent leur chevalet. Depuis peu, un "parcours des impressionnistes" jalonné par une dizaine de reproductions permet un voyage dans le temps en retrouvant les paysages qui correspondent aux toiles.

• Un peu plus à l'ouest encore, les promeneurs trouveront leur compte avec une longue balade au fil de l'eau, puis dans le parc municipal de l'**île des Impressionnistes**. Reliant l'île de Chatou à celle de Croissy, l'espace vert s'étendant sur près de 7 hectares est particulièrement prisé des familles, pour pique-niquer ou faire un peu d'exercice. En poussant un peu, on rejoint l'**île de la Chaussée** où se trouvait la Grenouillère, fameuse guinguette. Elle n'est plus là, mais la promenade autour des installations sportives est délicieuse.

• **Parc de l'île Saint-Germain** • 170, quai de Stalingrad ou par le boulevard des Îles • 92130 Issy-les-Moulineaux • RER Issy-Val-de-Seine
• **Île de la Jatte** • M° Levallois • tourisme92.com/ile-de-la-jatte-92.html
• **Île des Impressionnistes** • 78400 Chatou • RER Chatou-Croissy • chatou.fr

Domaine national de Saint-Cloud

Un dimanche à Saint-Cloud

- Le **parc de Saint-Cloud** étale ses 460 hectares sur un plateau qui culmine à 160 mètres d'altitude. Son origine remonte au XVIe siècle ; redessiné par Le Nôtre au XVIIe siècle, l'ancien domaine royal fait aujourd'hui office de conservatoire à ciel ouvert des techniques hydrauliques anciennes grâce à son formidable réseau de fontaines. Dans le jardin bas, situé près du fleuve, la Grande Cascade, ouvrage monumental, s'étend sur 92 mètres de jets, bouillons, cascades, vasques et chandeliers d'eau. À partir du bassin du Grand Jet, un peu plus en hauteur, un escalier conduit à la terrasse où se dressait le château, incendié par les Prussiens pendant la guerre de 1870 puis rasé en 1891. On y jouit encore d'une belle vue panoramique sur Paris.

Parc nautique de l'île de Monsieur

• Pour se muscler en voguant sur la Seine, rien de mieux qu'un tour sur l'**île de Monsieur**. Cette ancienne friche industrielle a été transformée en un parc de 7,5 hectares tout entier dédié aux loisirs nautiques. La base a des airs de port scandinave avec ses bâtiments rouges et son bois omniprésent. De nombreuses associations y proposent, entre autres, canoë, kayak, voile, canotage, aviron traditionnel et même... vénitien (!) – c'est-à-dire de la gondole –, *via* le club Nautique Sèvres.

• **Domaine national de Saint-Cloud** • Avenue de la Grille-d'Honneur, 92210 Saint-Cloud • M° Boulogne-Pont-de-Saint-Cloud • Tél. 01 41 12 02 90 domaine-saint-cloud.fr

• **Parc nautique de l'île de Monsieur** • 4, rue de Saint-Cloud, 92310 Sèvres M° Pont-de-Sèvres • Tél. 01 46 29 00 00 • ile-de-monsieur.fr

Château d'Asnières

Un dimanche à Asnières

• Méconnu des Parisiens, le **château d'Asnières** mérite une visite – tant pour sa beauté que pour son histoire. Le marquis de Voyer, grand seigneur fastueux, collectionneur et homme de goût, fit d'une ancienne maison de plaisance occupée par l'une des maîtresses du Régent une somptueuse résidence au décor raffiné, agrémentée d'un vaste jardin s'étendant jusqu'à la Seine. Jacques Hardouin-Mansart de Sagonne, célèbre architecte du roi Louis XV, fut chargé de la concevoir. Observez donc l'escalier doté de belles rampes en ferronnerie d'époque. Illustration du style rocaille, ce château très démocratique, où les Parisiens venaient danser sous le Second Empire, est ouvert au public chaque premier dimanche du mois, et accessible gratuitement.

• Consacré aux chiens, mais aussi aux chats, oiseaux, lapins, hamsters, chevaux ou singes, le **cimetière des Chiens d'Asnières**, créé à la fin du XIXe siècle par Georges Harmois et Marguerite Durand, accueille plusieurs milliers de dépouilles d'animaux de compagnie. Si vous appréciez le kitsch et les sépultures insolites, le lieu constitue une promenade rêvée. On y trouve notamment un monument à la gloire d'un saint-bernard dont la légende raconte qu'après avoir sauvé 40 personnes d'une avalanche dans les Alpes, il

Cimetière des Chiens d'Asnières

fut tué par la quarante et unième. Rintintin, célébrissime héros d'un feuilleton télévisé américain des années 1960, y est même enterré !

• L'esprit guinguette souffle à nouveau sur les rives de la ville d'Asnières. On connaissait **Rosa Bonheur**, la « maison mère » au sommet du parc des Buttes-Chaumont (voir p. 97), la barge du Rosa Bonheur sur Seine, dans le centre de la capitale et maintenant, la voici à l'Ouest. Aux beaux jours, le rosé valse dans les verres et les tapas, pizzas au feu de bois et les huîtres se relaient dans les assiettes. Enfin une terrasse où on peut profiter du soleil à Asnières !.

• **Château d'Asnières** • 89, rue du Château • 92600 Asnières-sur-Seine M° Gabriel-Péri • Tél. 01 71 07 82 25 • Visite guidée gratuite tous les premiers dimanches du mois sans réservation • asnieres-patrimoine.fr

• **Cimetière des Chiens d'Asnières** • 4, pont de Clichy • 92600 Asnières-sur-Seine M° Gabriel-Péri • Tél. 01 40 86 21 11 • asnieres-sur-seine.fr

• **Rosa Bonheur à l'Ouest** • 20, quai du Docteur-Dervaux • 92600 Asnières-sur-Seine • Gare SNCF Asnières-Sur-Seine • Tél. 01 40 86 28 48 rosabonheur.fr/rosa-a-louest

Jardins Albert-Kahn

Un dimanche à Boulogne-Billancourt

• Le **musée des Années 30**, à fréquenter sans délai, fait honneur au style architectural dont la ville de Boulogne est emblématique : l'Art déco. Entre les deux guerres, la ville fut le berceau d'un courant artistique né de la proximité des arts et de l'industrie : on y comptait alors 32 ateliers de sculpteurs et un florilège d'usines liées à l'automobile, à l'aviation et au cinéma. La visite de ce musée donne l'occasion d'une véritable plongée dans cette période féconde, à travers du mobilier signé Jean Prouvé ou Émile Jacques Ruhlmann, des maquettes de Le Corbusier ou de Mallet-Stevens, et de magnifiques peintures figuratives qui abordent les grandes thématiques de l'époque, comme les paquebots.

• Le **musée départemental Albert-Kahn**, à deux pas du pont de Saint-Cloud, a rouvert ses portes en 2019 après trois ans de travaux. Ses somptueux jardins, qui vous feront faire le tour de la Terre, sont nés du rêve d'un homme. Prodige de la spéculation boursière et mécène à la vision altermondialiste, Albert Kahn, s'installa à Boulogne à la fin du XIXe siècle. Propriétaire d'un hôtel particulier, il entreprit alors l'aménagement de ses jardins répartis sur 4 hectares. Dans sa volonté de "dialogue" entre les peuples, il créa un surprenant ensemble paysager composé de deux jardins japonais, d'un jardin

Musée Paul-Belmondo

français avec son verger et sa roseraie, d'un jardin anglais, d'une Forêt vosgienne, d'une Forêt dorée, d'une prairie et d'une Forêt bleue suivie d'un marais. Le musée, où sont conservées des collections de photographies et de films rapportées d'expéditions menées dans 50 pays, s'ouvre sur cet éden aussi époustouflant qu'insolite.

• Implanté dans un petit bijou architectural du XVIIIe siècle nommé château de Buchillot et ayant appartenu à la famille Rothschild, le **musée Paul-Belmondo** possède une exceptionnelle muséographie. L'ensemble est consacré à l'œuvre du célèbre sculpteur et portraitiste, père de l'acteur Jean-Paul Belmondo. En pierre ou en bronze, les bustes ou les statues figurent des formes lisses et des corps empruntés à l'Antiquité.

• **Musée des Années 30** • 28, avenue André-Morizet • 92100 Boulogne-Billancourt • M° Marcel-Sembat • Tél. 01 55 18 46 42 • annees30.com

• **Musée et jardins Albert-Kahn** • 10-14, rue du Port • 92100 Boulogne-Billancourt • M° Boulogne-Pont-de-Saint-Cloud • Tél. 01 55 19 28 00 albert-kahn.hauts-de-seine.fr

• **Musée Paul-Belmondo** • 14, rue de l'Abreuvoir • 92100 Boulogne-Billancourt M° Boulogne-Jean-Jaurès • Tél. 01 55 18 69 01 • boulognebillancourt.com

Un dimanche à Chantilly

• Berceau des courses hippiques en France, bien connu pour son centre d'entraînement, l'**hippodrome de Chantilly** l'est également à travers ses deux grands rendez-vous annuels qui ont lieu au mois de juin. Version courses "au masculin", ne manquez pas le prix du Jockey-Club, une course de révélation des champions mâles. Pour l'élégance et le chic, il faudra revenir à l'occasion du fameux Prix de Diane Longines. Ce véritable concours d'élégance de femmes chapeautées convie le beau monde hippique autour d'un grand pique-nique, d'un concert et de courses réservées aux femelles.

• Les **Grandes Écuries**, longues de 186 mètres, sont l'un des chefs-d'œuvre architecturaux du XVIIIe siècle. Elles furent construites par Jean Aubert à la demande de Louis-Henri de Bourbon, septième prince de Condé. Selon la légende, ce dernier, qui pensait se réincarner en cheval, se fit bâtir des écuries dignes de ce nom... Elles accueillaient alors 240 chevaux et 500 chiens de chasse. Dans ce haut lieu de la chasse à courre, on organisait des fêtes grandioses sous le dôme de 28 mètres de haut. Aujourd'hui, des spectacles équestres y sont donnés où, pendant une heure, une trentaine de chevaux de dix races différentes évoluent en musique avec leurs cavaliers costumés.

Musée Condé

• Le château de Chantilly se dresse au centre d'un domaine de 7 800 hectares entouré d'une forêt. Ancienne forteresse médiévale au temps des Orgemont, il devint ensuite la propriété des Montmorency. Les Bourbon-Condé, cousins des rois de France, s'y illustrèrent à leur tour lorsque le Grand Condé fit dessiner le parc par Le Nôtre. Au XIXe siècle, le duc d'Aumale orchestra la reconstruction du grand château, saccagé pendant la Révolution, et y installa sa prodigieuse collection d'œuvres d'art. Le **musée Condé**, sis dans l'enceinte du château, abrite la deuxième collection de peintures anciennes la plus importante après le Louvre ainsi qu'une belle sélection de peintures équestres datant des XVIIIe et XIXe siècles. N'oubliez pas de vous promener dans le parc et de faire escale au Hameau dont s'est inspirée Marie-Antoinette pour créer le sien à Versailles. La meilleure crème chantilly de la région y est servie !

• **Hippodrome de Chantilly** • Avenue de la Plaine-des-Aigles • 60500 Chantilly
Tél. 03 44 62 44 00 • france-galop.com

• **Grandes Écuries de Chantilly** • 7, rue Connétable • 60500 Chantilly
Tél. 03 44 54 31 80 • domainedechantilly.com/fr/accueil/grandes-ecuries

• **Musée Condé** • Château de Chantilly • 60500 Chantilly • Tél. 03 44 54 31 80
domainedechantilly.com/fr/accueil/chateau

Île Fanac

Un dimanche autour de l'île Fanac

• Au milieu du pont de Joinville, vous trouverez un petit escalier un peu étrange... Descendez-le : il vous emmènera au paradis, ou presque, sur l'**île Fanac**, un havre de paix de 4 hectares ancré sur la Marne. Un unique sentier serpente autour de l'île, longeant de jolies maisons aux architectures généreuses et familiales. Sur l'eau, on apprécie les va-et-vient des avironneurs ou des kayakistes du dimanche après-midi. Une école de musique, une école d'arts plastiques et un club de canoë ont élu domicile de part et d'autre de l'adorable îlot. Arpentez l'île et hissez-vous sur la pointe des pieds pour admirer, au-delà des portails, les tendres jardinets. Une halte à savourer...

• **Chez Gégène** fait figure de vestige d'une époque où l'accordéon et les moules-frites étaient encore de mise tous les dimanches de l'année. À l'origine de ce haut lieu de la danse dominicale, une péniche tenue par un certain Rossignol avant la guerre de 1914. Après un incendie, Eugène Favreux (le fameux Gégène) fait renaître la guinguette en 1918 avec des distractions de boules, balançoires et même... un dromadaire ! Le lieu est à la mode et les Années folles battent leur plein. En 1953, la chanson "À Joinville-le-Pont", écrite par Roger Pierre, assure son succès. Chez Gégène inspire les

Chez Gégène

photographes et les cinéastes. Aujourd'hui, la valse musette ou le rock endiablé retentissent encore dans la grande salle de bal de l'établissement les dimanches après-midi d'avril à novembre.

• Pour une escapade navale, le charmant petit **port de plaisance de Nogent**, est accessible depuis Paris. En été, on peut y louer un pédalo, un bateau à moteur ou électrique (sans permis). Les embarcations sont en capacité d'accueillir quatre personnes. Génial, non ? De Nogent-sur-Marne jusqu'à Neuilly-sur-Marne, pédalez ou tenez la barre, à votre rythme.

• **Île Fanac** • 94340 Joinville-le-Pont • RER Joinville-le-Pont • Pour y accéder, rejoindre le quai de la Marne et emprunter le pont de Joinville.

• **Chez Gégène** • 162 bis, quai de Polangis, allée des Guinguettes 94340 Joinville-le-Pont • Tél. 01 48 83 29 43 RER Joinville • Descendre sur le pont de Joinville. Prendre le second escalier sur la gauche et suivre les bords de Marne jusqu'à la guinguette • Après-midi dansant de 15h à 19h d'avril à novembre • chez-gegene.fr

• **Port de plaisance de Nogent** • Square Tino-Rossi • 94130 Nogent-sur-Marne • RER Nogent-sur-Marne ou Nogent-le-Perreux • Tél. 01 41 93 13 57

Stade de France

Un dimanche à Saint-Denis

• Véritable prouesse architecturale et technologique, le **Stade de France** est passionnant à visiter en dehors des moments d'affluence. Pendant une heure, un guide officiel vous emmène à la découverte des lieux habituellement inaccessibles au public : la loge présidentielle, les vestiaires, le tunnel qui conduit au terrain… La visite se poursuit par un tour à l'espace muséographique – quatre salles pour plonger au cœur de la construction du Stade de France et admirer des répliques de trophées, des ballons, mais aussi des guitares dédicacées par les plus grands artistes. Car on ne fait pas que jouer au foot, ici !

• La visite de Saint-Denis vaut le détour, ne serait-ce que pour sa **basilique cathédrale**, véritable chef-d'œuvre de l'art gothique. Conçu par l'abbé Suger au XIIe siècle et achevé au XIIIe siècle, le monument fait office d'église paroissiale, de siège épiscopal et de lieu culturel majeur. Nécropole des rois et reines de France, de Dagobert à Louis XVIII, il abrite plus de 70 gisants et tombeaux, exposés dans le transept et le chœur de l'édifice. On s'attardera devant les sépultures ornées de chiens, de lions, de dragons censés protéger le défunt dans l'au-delà. Tout aussi remarquables, les transis de Louis XII et d'Anne de Bretagne ou le mausolée grandiose d'Henri II et de Catherine de Médicis.

Basilique de Saint-Denis

• Bien plus qu'une cantine, la **Cantine Sauvage** est un lieu de vie installé au cœur de Saint-Denis. Mêlant café, resto ouvert en continu, boulangerie-pâtisserie, bar, brasserie et comptoir à cocktails, la Cantine Sauvage a fait son nid dans un ancien hangar d'antiquités. L'esprit récup' et les objets du passé racontent l'âme du lieu. Le dimanche, à l'heure du brunch, c'est sur des rythmes pop et blues que l'on se régale de houmous, salade de feta, charcuteries et pizza, sans oublier les chouquettes de mamie ! Une vraie bonne adresse XXL.

• **Stade de France** • 93200 Saint-Denis • RER La Plaine-Stade-de-France
Visites à 11h, 14h, 16h • stadefrance.com

• **Basilique de Saint-Denis** • 1, rue de la Légion-d'Honneur
93200 Saint-Denis • M° Basilique-de-Saint-Denis • Tél. 01 48 09 83 54
saint-denis-basilique.fr

• **La Cantine Sauvage** • 177, avenue du Président-Wilson • 93200 Saint-Denis
M° Front-Populaire • Tél. 01 58 34 60 56 • cantinesauvage.fr

L'Atelier des Lumières

Un dimanche indoor

• Quitte à rester enfermés entre quatre murs, autant le faire face à des œuvres d'art à **L'Atelier des Lumières**, un centre numérique fascinant. Projetées et mises en musique, les œuvres de Van Gogh ou de Klimt défilent sur les parois. Du sol au plafond, l'art tapisse chaque relief. Dans une déambulation ébahie, les spectateurs – adultes et enfants – deviennent acteur d'un monde pictural mouvant.

• Et si on se faisait une partie de volley les pieds dans le sable ? Aux portes de Paris, **Sand Fabrik**, une immense plage couverte, accueille cinq terrains de sport modulables pour pratiquer beach-volley, rugby, handball, foot... C'est très simple, il suffit de constituer une équipe et de réserver en ligne.

• Inspiré du mouvement *slow food* et bien connu des foodistas, le concept **Eataly** a débarqué dans le Marais en 2019. Imaginez... Un marché XXL de 2 500 m², un temple de la gastronomie italienne avec son œnothèque, ses restaurants et ses cafés. Faire l'inventaire de tous les petits bonheurs savoureux du lieu va prendre la journée !

Eataly

Oui, mais le dimanche
Qu'ai-je fait ?
Oui, mais le dimanche
Qu'ai-je fait ?
J'ai fait un petit somme

ZAZIE, *LE DIMANCHE*

• **L'Atelier des Lumières** • 38, rue Saint-Maur, 11e • Rue-Saint-Maur
Tél. 01 80 98 46 00 • atelier-lumieres.com

• **Sand Fabrik** • 45, rue Delizy • 93500 Pantin • RER Gare-de-Pantin
Tél. 01 88 12 00 04 • sandfabrik.com

• **Eataly** • 37, rue Sainte-Croix-de-la-Bretonnerie, 4e • M° Hôtel-de-Ville
eataly.fr

Index

INDEX ALPHABÉTIQUE

INDEX GÉOGRAPHIQUE

1er ARRONDISSEMENT

2e ARRONDISSEMENT

3e ARRONDISSEMENT

4e ARRONDISSEMENT

5e ARRONDISSEMENT

6e ARRONDISSEMENT

7e ARRONDISSEMENT

8e ARRONDISSEMENT

9e ARRONDISSEMENT

10e ARRONDISSEMENT

11e ARRONDISSEMENT

12e ARRONDISSEMENT

13e ARRONDISSEMENT

14e ARRONDISSEMENT

15e ARRONDISSEMENT

16e ARRONDISSEMENT

17e ARRONDISSEMENT

18e ARRONDISSEMENT

19e ARRONDISSEMENT

20e ARRONDISSEMENT

YVELINES (78)

HAUTS-DE-SEINE (92)

SEINE-SAINT-DENIS (93)

VAL-DE-MARNE (94)

OISE (60)

AUTRES

*Pour n'être pas les esclaves martyrisés
du Temps, enivrez-vous ; enivrez-vous sans cesse !
De vin, de poésie ou de vertu, à votre guise.*

CHARLES BAUDELAIRE

150 idées insolites
pour agrémenter
vos week-ends

•

À Paris, le dimanche, tout est permis : flâner sur une île sauvage, chiner loin de la foule, repenser le monde dans un café philo, s'amuser avec les enfants, bruncher sur les rails de la Petite Ceinture ou se donner des frissons dans le Paris souterrain...

Voici une sélection de sorties toniques et décalées pour se cultiver, s'aérer ou changer d'horizon seul, à deux ou en famille.

PARIS & COMPAGNIE

Découvrir la ville
autrement !

€ FRANCE TTC
978-2-37395-176-9
PARIGRAMME.COM
9 782373 951769

PARIS & COMPAGNIE